MANUAL DE VIDA

Título original: *Encheiridion*

© de la traducción de *Manual de vida*:
David Hernández de la Fuente, 2024
© de esta edición: Arpa & Alfil Editores, S. L.

Primera edición: octubre de 2024
Segunda edición: diciembre de 2024

ISBN: 978-84-10313-17-0
Depósito legal: B 17032-2024

Diseño de colección: Enric Jardí
Diseño de cubierta: Anna Juvé
Imagen de cubierta: Tetradracma Atenas 480-420 a. C.,
Musée des Beaux-Arts de Lyon
Maquetación: Àngel Daniel
Impresión y encuadernación: Prodigitalk
Impreso en Barcelona

Este libro está hecho con papel proveniente de Suecia,
el país con la legislación más avanzada del mundo en
materia de gestión forestal. Es un papel con certificación
ecológica, rastreable, de pasta mecánica y con un
gramaje de 70 g/m². Si te interesa la ecología, visita
arpaeditores.com/pages/sostenibilidad para saber más.

Arpa
Manila, 65
08034 Barcelona
arpaeditores.com

Epicteto

MANUAL DE VIDA

Traducción, introducción y notas de
David Hernández de la Fuente

arpa

ÍNDICE

«Llueve ¡oh Dios! sobre mí persecuciones»,
Mendigo, esclavo y manco, repetía
Epicteto valiente, y cada día
A Júpiter retaban sus razones.

Vengan calamidades y aflicciones;
Averigua en dolor mi valentía;
Con los trabajos mi paciencia expía
Mi sufrimiento en hierros y prisiones.

¡Oh hazañoso espíritu hospedado
En edificio enfermo, que pudieras
Animar cuerpo excelso y coronado!

Trabajos pides y molestia esperas,
Y, con tener a Dios desafiado,
Ni ofendes, ni presumes, ni te alteras.

FRANCISCO DE QUEVEDO

El esclavo Epicteto soy, lisiado en cuanto al cuerpo,
Tan pobre como Iro, pero amado por los inmortales.
Epigrama funerario (Antología Palatina VII 676)

INTRODUCCIÓN

DE UN EMPERADOR AL ESCLAVO:
EL ESTOICISMO ROMANO
Y SU ACTUALIDAD

Ante la turbación que te rodea, céntrate en lo que de ti depende y ten esto a mano: nada exterior a ti puede dañarte... Así parece decirnos, con imperativo tono actual, el antiguo estoicismo romano, un pensamiento que bien podemos tener hoy al alcance de la mano a modo de «manual de vida», una buena manera de presentar al lector actual el famoso *Manual* (*Encheiridion*) del filósofo Epicteto. Como es bien sabido, el estoicismo había surgido como escuela de pensamiento en la época griega helenística (s. iv a. C.), pero, tras una larga evolución, que llegará hasta el final del mundo romano del s. ii, se acabó centrando con preferencia en la perspectiva personal y en la ética cotidiana. La filosofía helenística, que surge tras la muerte de Alejandro, se había desarrollado especialmente a partir de la cuestión práctica de cómo vivir bien (*eu zen*). En ese marco, y hasta la época romana, el estoicismo se va a expandir como un auténtico movimiento espiritual que, como estudió Max Pohlenz, se fue adueñando de la historia de las mentalidades hasta el fin de la antigüedad. Lejos quedaban los orígenes de la escuela a comienzos del siglo iv a. C., cuando

Zenón de Citio la funda en la *Stoa Poikile* («Pórtico pintado») de Atenas —de donde toma su nombre—, pues los desarrollos posteriores calarán especialmente en la mentalidad romana, al ofrecer una comprensión global del ser humano en su contexto cosmopolita en el marco del gran Imperio que dominará gran parte del mundo conocido. Por eso, en nuestro mundo actual, no resulta sorprendente que nos sean tan cercanas las ideas de los grandes estoicos de época romana, sobre todo, de Epicteto y Marco Aurelio. Ambos, que escriben su obra en griego en ese siglo II tan turbulento, encarnaron muy bien los ideales del estoicismo. Pero también representan dos extremos de la pirámide social de la cosmópolis del mundo romano. Aunque el primero fue esclavo y el segundo emperador, apuntan ambos las mismas ideas y les mueven las mismas motivaciones: a Epicteto, que tras liberarse enseñó filosofía en una ciudad de provincias, y a Marco Aurelio, que gobernó desde la capital del mundo y tuvo que vérselas con acuciantes problemas en política interior mientras luchaba a la vez contra los bárbaros. Cada uno tuvo su sino y vio en ello su misión. Epicteto fue esclavo de joven, quedó lisiado por malos tratos y luego fue manumitido: acabó ganándose la vida como maestro, vivió humildemente y ganó una enorme reputación. Marco Aurelio fue un joven soñador y poético, frágil, pero aficionado a los deportes, que solo quería ser filósofo; más tarde cayó sobre sus hombros la más grave responsabilidad política, que le obligó a afrontar una terrible peste, conjurar algunas conspiraciones y realizar una serie de campañas militares en las heladas fronteras del imperio. Ambos representan dos modelos de cómo el estoicismo le valió a cada cual, indistintamente de su experiencia vital, en la búsqueda de la serenidad y la tranquilidad de ánimo.

Es característica del estoicismo romano la idea de pertrecharse ante las adversidades y en la vida en general con un cuerpo de doctrinas de que valerse. Para ello, nada mejor que contar con un vademécum o una suerte de «manual» de principios o pensamientos básicos a los que volver constantemente a modo de recordatorio. Los dos filósofos citados, Epicteto y Marco Aurelio, hacen alusión a esta idea.

De hecho, el llamado *Manual* (*Encheiridion*, en griego), la obra que tiene entre sus manos el lector, es una compilación que recoge las ideas esenciales de Epicteto: no lo escribió él, sino su entusiasta discípulo Flavio Arriano, con la intención de que sus destinatarios «tuvieran a mano», lo más posible, un extracto condensado de la sabiduría de su maestro. Esta expresión de «tener a mano» que hemos repetido, y sobre la que volveremos, la usa a menudo Marco Aurelio en sus *Meditaciones* —una obra muy diferente a este *Manual* de Epicteto—, que he tenido ocasión de presentar, traducir y comentar en otro momento para esta misma colección. Ambas obras mencionadas son muy peculiares en el mundo antiguo: son dos libros breves, concisos, precisos y maravillosos que han llegado hasta nosotros con un potentísimo mensaje, y ciertamente desprovistos de artificio, como epítome del saber práctico del estoicismo romano.

Epicteto probablemente no escribió nada para que perdurase, como los grandes sabios de la antigüedad, sino acaso apuntes para sus lecciones. Fueron sus discípulos, como en este caso Arriano, los que los tomaron a vuelapluma para elaborar esta especie de «manual», *Encheiridion*. El caso de Marco Aurelio es también singular: su obra, las

Meditaciones, en realidad se ha transmitido simplemente con el título de *Para sí mismo* (en griego *Eis Heauton*), y es una suerte de conjunto muy dispar de notas personales, a modo de diario íntimo, tomado por el emperador durante sus campañas guerreras. En resumen, si Epicteto no quiso escribir y Marco Aurelio no quiso que lo leyéramos, cabe preguntarse qué pueden decirnos sus obras en la actualidad.

Mucho, a tenor de que, sobre todo en nuestros tiempos pospandémicos, se han rescatado con especial interés las ideas estoicas sobre la búsqueda de serenidad. Se ve hoy una incesante avalancha de novedades neoestoicas que proliferan por doquier y atraen a empresarios, políticos o gurús filosóficos muy diversos. Algunos de esos títulos, en avispadas estrategias comerciales de los editores, pueden sonar casi a autoayuda.[1] Pero ¿qué podemos aprender realmente hoy de los antiguos estoicos, más allá del sentido popular del adjetivo? Para ellos la forma de vivir bien empezaba por pensar correctamente: la filosofía es la salvación.

Podemos resumir las ideas de estos estoicos y su ideal de sabiduría de forma muy apresurada: solo la filosofía nos libera y nos enseña a aceptar cómo funciona este mundo, regido por la razón divina, y a cumplir nuestro cometido esencial, como todos los demás seres vivos, fijándonos en el *telos* o finalidad, que en el caso humano es de índole social y colectiva; es decir, cooperar con la providencia

---

[1] Pienso en títulos como *How to be a Stoic* y *Live like a Stoic*, de Massimo Pigliucci o *How to Think Like a Roman Emperor* (obviamente referido a Marco Aurelio, no a Nerón) de Donald Robertson.

(*pronoia*), asumiendo nuestro destino (*heimarmene*), y llevarlo a la excelencia (*areté*) mediante la práctica (*askesis*) filosófica. De ella se seguirá el mejoramiento individual mediante virtudes como el autocontrol ante las pasiones y las percepciones erróneas o la templanza frente a lo que parece adversidad, lo que facilita una vida «según naturaleza» (*kata physin*) centrada solo en lo que de uno depende.

Entre los grandes filósofos estoicos —sin desmerecer a Zenón, Crisipo, Panecio o Posidonio—, los más recordados son, sin duda, los de época romana. El caso de Séneca es algo especial, por su personalidad única y su malhadada relación con el poder, desde Claudio a Nerón. Sus escritos, latinos, entre filosofía y teatro, son fascinantes, y a veces aparecen en contradicción con su vida, en una evolución que culmina en uno de los mejores epítomes del estoicismo, las *Cartas a Lucilio*. Pero hemos de centrarnos en lo que sigue sobre todo en su casi contemporáneo —varias décadas más joven que Séneca, y de obra transmitida en griego— que es nuestro filósofo Epicteto. Nacido seguramente a mediados del siglo I, este exesclavo cojo que acabó manumitido se convirtió en una de las mejores cabezas del estoicismo, desde su escuela en una ciudad de provincias, como comentaremos con más detalle. Al igual que sucede con tantos otros filósofos memorables, más de la oralidad que de la escritura, no tendríamos testimonios si no fuera por un devoto discípulo, Arriano, que, como sabemos ya, se decidió a compilar sus notas de clase y darlas a conocer en forma de *Manual* y de *Disertaciones*, las dos obras que resumen su pensamiento. El epígono del estoicismo romano es, por supuesto, el emperador Marco Aurelio, también casi contemporáneo de Epicteto, pero más joven, y del que se ha transmitido de forma

casi milagrosa un extraordinario cuaderno de anotaciones
íntimas en griego normalmente titulado *Meditaciones.*

En la obra de los tres se pondera el desapego de las pasiones y de los aparentes bienes, en busca de una serena autosuficiencia que nos permita ser libres, sobre todo frente
al miedo al futuro o a la muerte. Su estoicismo propone liberarse de turbaciones y tomar el control en un movimiento centrípeto de autoconciencia, rechazando las opiniones
y apariencias en medio de los muchos reclamos cotidianos
que nos distraen constantemente. Esto lo hace quizá muy
atractivo al hombre de hoy, asediado por la tiranía de sus
pantallas. Como decía antes, el *boom* de esta filosofía ha
venido de la mano de cierta divulgación, a veces excelente,
pero que, otras veces, ha devenido en simplificación, cuando no en adulteración de sus ideas. Por ejemplo, circulan por
las redes una serie de citas apócrifas de Marco Aurelio
o Epicteto muy repetidas, que son puro pragmatismo «a
la romana». Por eso, mejor que cualquier compendio de
máximas estoicas sin base en los textos, compiladas por
psicólogos, periodistas o empresarios actuales —por muy
bienintencionados que sean—, es acudir a las obras origi-
nales de estos pensadores, traducidas y comentadas. Con-
tamos con traducciones renovadas y fiables, de las que una
buena parte ha ido apareciendo precisamente desde el año
de la pandemia.[2] Este es el propósito de la presente edición

---

2   Véanse las traducciones de Epicteto de Óscar Martínez (2021)
o Ignacio Pajón (2022), las de Marco Aurelio por Jorge Cano (2023) o
la mía (2023), y la de Séneca por Antonio Cascón, estas dos últimas en
esta misma colección.

del *Manual* de Epicteto, que quiere servir de referencia en este sentido para leer el estoicismo de forma renovada en los grandes textos de sus autores clásicos.

Me parece que el estocismo, en especial en su época tardía, y acaso más desencantada, que desemboca en Epicteto y Marco Aurelio, sigue representando un pensamiento muy apropiado para nuestros días, con sus propuestas para buscar filosóficamente la manera de vivir mejor y más serenamente, desde una perspectiva que combina la ética individual y la cooperación comprensiva en el mundo que nos rodea. En todo caso, el esclavo Epicteto y un emperador tan singular como Marco Aurelio resultan imprescindibles para definir la historia del pensamiento en el siglo II, un punto de inflexión en la historia antigua de Roma, cuando el imperio se empezaba a encaminar hacia un escenario de crisis incipiente. Las lecciones estoicas cobraban total actualidad en aquel escenario turbulento —del emperador al esclavo—, sobre todo hacia el final del reinado de Marco Aurelio, ante un mundo en transformación, entre movimientos de pueblos que presionaban allende las fronteras, epidemias que se extendían por todo el imperio y señales crecientes de un futuro cambio de modelo político, económico, social y espiritual.

DEL ESCLAVO A OTRO EMPERADOR: LA ESCUELA DE EPICTETO

¡Cuántas veces en la vida los maestros de verdad y sabiduría se encuentran en lugares insospechados! A menudo los hallamos entre los humildes y los que más han sufrido privaciones y penalidades. Los que no lo han tenido fácil nos enseñan las lecciones más recordadas. Esto viene a la mente casi inmediatamente cuando reparamos en la figura inolvidable del filósofo estoico Epicteto, cuyo nombre (que significa «comprado») revela inmediatamente su condición original de esclavo, y del que sabemos que fue vendido como tal en su niñez y que fue maltratado hasta el punto de quedarle como secuela una ostensible cojera. Piénsese, pues, que ni siquiera conocemos su nombre real, sino solo el apelativo de Epicteto, el «adquirido como esclavo». Eso sí que es un vaciamiento total de una personalidad, de un gran maestro que fue esclavo... No escribió nada, no dejó un gran legado de obra —más que algunos apuntes de su alumno— ni fundó una gran escuela, al modo de la Academia platónica, sino que siempre se caracterizó por su pobreza, humildad y autosuficiencia. Pero es que ni siquiera tenemos constancia de su nombre y su patronímico, o certezas absolutas sobre su origen, como en el caso de otros filósofos. Pese a ello, llegó a ser sin duda el mayor maestro de filosofía de su tiempo. Lo reconoció como inspiración su polo opuesto —y a la vez su alma gemela— el emperador Marco Aurelio en sus *Meditaciones*, que tienen una notable influencia de sus doctrinas.

El caso de Epicteto es ciertamente único. Este maestro surgido de la nada, del origen más humilde posible, como esclavo de un liberto de Nerón, es conocido merecidamente como el gran autor del estoicismo del siglo II. No sabemos casi nada de su biografía —ni siquiera su nombre real, insisto— más allá de datos dispersos que nos dan autores como Arriano, su fiel discípulo, o, siglos más tarde, su comentarista Simplicio. Veamos cuáles son esos pocos datos que tenemos, hilados con lo que se deduce de la obra de Arriano y otros autores sobre su vida y sus doctrinas.

Epicteto nació en la segunda mitad del siglo I de nuestra era en la ciudad de Hierápolis en Frigia, en lo que hoy día se llama Pamukkale (Turquía). Fue vendido de niño como esclavo, condición a la que alude su nombre de «comprado». Lo adquirió el rico Epafrodito, que a su vez era un liberto del emperador Nerón. En aquella época, los antiguos esclavos que habían sido manumitidos y habían alcanzado la condición de libertos podían llegar a reunir una enorme fortuna (recordemos la famosa escena del banquete de Trimalción, en Petronio), y más aún si se trataba de un liberto de la casa imperial, cuyo peculio inicial podría ser ya considerable. Epafrodito, además, era el hombre de confianza de Nerón, pues se quedó en su corte como secretario personal, y tuvo una relación tan íntima con él que fue quien le ayudó a suicidarse en el año 68. Algo nos cuenta Suetonio en la *Vida de los Césares* (Nerón, 49 y Domiciano, 14), acerca de este famoso liberto.

De sus años de esclavo, se recuerda una terrible anécdota sobre el origen de su cojera: para hacerle reconocer que el dolor es un mal —porque ya era un esclavo bastante filosófico, seguramente, que alguna vez le habría dicho a su amo que el dolor no es un mal, sino la percepción del dolor—, Epafrodito metió su pierna en un instrumento de tortura. Epicteto no se quejó, sino que se limitó a advertirle que, si seguía ejerciendo presión, acabaría rompiéndose la pierna. Cuando, en efecto, esta se fracturó, Epicteto le comentó tranquilamente, como si no le importara nada: «¿No te decía yo que al final la ibas a romper? Ahora tienes un esclavo cojo». Otras fuentes, sin embargo —como la *Suda*, una enciclopedia bizantina del siglo x—, afirman que su cojera se debía al reuma. Epicteto recuerda alguna vez a su antiguo amo, que pese a su crueldad le permitió ir a clase de Musonio Rufo, que era un famoso filósofo estoico por entonces en Roma, sin expresar emociones respecto de aquel (*Disertaciones* III 23, 29).

Una vez conseguida su libertad por manumisión, Epicteto se habría convertido en maestro de filosofía en Roma, pero tuvo que marcharse la ciudad seguramente cuando Domiciano decretó la expulsión de los filósofos de la ciudad. En el año 93 o 94 Epicteto marchó a Nicópolis, un puerto importante de llegada desde Roma hacia Oriente, en la costa del Epiro griego, para proseguir hacia Grecia o Bizancio a través de la Vía Egnatia, después de navegar desde Brindisi. La ciudad de Nicópolis («ciudad de la victoria»), fundada por el futuro Augusto tras su victoria sobre Antonio en Actium en el año 31 a. C., era entonces una pujante ciudad portuaria, con gran afluencia de romanos de clase alta que marchaban a Grecia para su ampliar sus estudios o su formación militar. Se trataba, en suma, de un lugar espléndido para la escuela, donde fundar un espacio de formación para la élite romana que iba a hacer carrera en la administración pública, y para la que, aparte de la lengua griega, era bien vista la formación retórica y filosófica. Se reunía en su escuela la flor y nata de la administración romana, muy interesada en atender a las lecciones del filósofo, paradójicamente un exesclavo, que empezó a cobrar una enorme fama.

Allí, en su escuela de la ciudad provincial de Nicópolis, conoció a su discípulo por excelencia, el escritor y militar Flavio Arriano, que quedó fascinado con las clases de

Epicteto. Arriano fue el amanuense de excepción que supo resumir las doctrinas más selectas de su maestro, por el que sentía verdadera devoción. Arriano no quería ser filósofo, pero, como hombre de acción e historiador, que había escrito la *Anábasis* de Alejandro Magno —una historia del gran rey macedonio—, tomó como modelo lo que hizo el autor de otra *Anábasis*, Jenofonte, que había dejado constancia escrita de sus recuerdos de Sócrates en unos *Memorabilia*. Arriano hizo lo mismo con Epicteto, cual nuevo Jenofonte, y dejó de lado la historia y la milicia para consignar por escrito las conferencias públicas o *diatribai* de su maestro Epicteto. La *diatribé* era el género filosófico de estas lecciones, de estilo oral, con abundantes interpelaciones o interrogaciones entre maestro y discípulos: se suele traducir esta obra de Arriano como *Disertaciones* de Epicteto. En ellas se van reuniendo las ideas principales de un maestro que no dejó nada escrito, quizá por no estar interesado en ello y primar el mundo de la oralidad.

Y es que Epicteto fue uno de esos maestros de verdad a los que no se atribuye un especial cuidado por la obra escrita, o que quizá no escribió nada destinado a perdurar. Devoto de la palabra alada y fascinante, como el propio Sócrates, cambió la vida de una serie de discípulos fervorosos que se ocuparon de divulgar su mensaje de salvación por medio de la filosofía. Comparte este propósito con el epicureísmo, la otra gran escuela de origen helenístico, que considera, como dice Epicuro en su *carta a Meneceo*, que la filosofía es la salvación (*sotería*) del ser humano y que todos debemos emprender su camino: nunca es demasiado pronto ni demasiado tarde para ello. En suma, Epicteto no dejó indiferente a nadie y, desde sus humildes orígenes, influyó en la clase dominante romana. Parece que incluso pudo tener relación, según quiere la fama, con el emperador Adriano: conservamos una interesante obra apócrifa más o menos de su misma época, que evoca el momento en que ambos personajes se conocen. Sabemos que las parejas formadas entre gobernantes y filósofos son ya un tópico en la historia de la filosofía y de la literatura, desde Platón y el tirano Dionisio de Siracusa a Aristóteles y Alejandro Magno.

En el caso de Adriano, el emperador filoheleno por excelencia, antecesor de Marco Aurelio en la moda de la filosofía griega en la Roma del siglo II, era una elección obvia para hacerlo pareja de conocimiento con nuestro Epicteto: de nuevo, un emperador frente al exesclavo, al menos en la ficción apócrifa. En efecto, conservamos una obra llamada *Discusión entre el emperador Adriano y el filósofo Epicteto* (*Altercatio Hadriani Augusti et Epicteti philosophi*), en latín, en forma de un diálogo de preguntas y respuestas entre ambos. Se da en paralelo a otro texto anónimo del mismo siglo II, la *Vida de Segundo el Silencioso*, en el que se presenta un encuentro entre Adriano y este filósofo. Estos dos textos reflejan la reputación de Adriano como apasionado por la filosofía griega, y dejarán una impronta muy importante en la Edad Media y el Renacimiento.[3] Esta fama de Adriano como buscador de formación en diferentes escuelas filosóficas llega a otras como la epicúrea, por la que parece que se interesó (incluso, según un Midrash rabínico,

---

3   Hay varias obras de la literatura española medieval con sus versiones romances *El Capítulo de Segundo filósofo* y el *Diálogo de Epicteto y el emperador Adriano*.

se ha dicho que se acercó a la sabiduría hebrea). Pero en cuanto a la admiración de Adriano por Epicteto, el filósofo más famoso de su tiempo, la fuente principal es la siempre sugerente pero dudosa *Historia Augusta* (Adriano 1.16.10), lo que ha dado pie a los historiadores a no descartar este encuentro, que podría haber tenido lugar en torno a 110 o 111, en el transcurso de la gira de Adriano por Grecia: aunque nada es seguro. En todo caso, aquí es otro emperador, el gran Adriano, figura modélica para Marco Aurelio, el que se relaciona con el esclavo por excelencia en la filosofía antigua. Del esclavo Epicteto a otro emperador: Adriano.

EL ESCLAVO QUE ENSEÑA A SER LIBRE: EPICTETO Y SU *MANUAL DE VIDA*

Epicteto es recordado, frente a otros estoicos de la época, como un maestro humilde y dedicado a su enseñanza, con una vida muy austera, como cuenta el neoplatónico Simplicio en su *Comentario al Manual de Epicteto*. Se dice que su casa no tenía cerradura, porque no tenía casi bienes ni dinero (por no tener, como sabemos, no tuvo ni nombre): solo contaba con una lamparita de hierro, un saco de paja y una manta para dormir. Algún ladrón le robó la lámpara de hierro y tuvo que hacerse con una lamparita de barro para alumbrarse por las noches. Ya viejo, Epicteto, que no tenía hijos, habría adoptado a un niño huérfano, para que lo cuidara al final. Aunque no se casó nunca, se le relaciona con una mujer que entró en su casa para cuidar a ese niño. Una anécdota muy difundida habla de aquella lámpara: después de la muerte de Epicteto, esa modesta lámpara de barro que usaba por las noches para leer y tomar notas fue comprada por un mitómano que pagó toda una fortuna por ella, como si el objeto pudiera transmitirle de algún modo algo de su sabiduría. Así le reprocha Luciano de Samósata, en una obrita llamada *Contra un bibliómano ignorante*, que «esperaba, sin duda, que al leer por la noche a la luz de aquella lamparita, la sabiduría de Epicteto le llegaría durante su sueño, y así él acabaría por parecerse a su admirado filósofo». En cualquier caso, se trata del esclavo que, desde la filosofía estoica, enseñó a muchas generaciones un modelo de independencia y serenidad ante el mundo que le rodeaba.

Como se puede ver, la figura de Epicteto parece rodearse de un halo legendario. La extraordinaria y seguramente temprana difusión de las *Disertaciones* y del *Manual* redactados por Arriano pudo ser una clave para su fama. Sus doctrinas cambian las cosas y hacen que un gran número de entusiastas las difundan con la idea de descubrir la guía racional en nuestro interior —es decir, cuál sea esa porción del *logos* que rige el *kosmos* que tenemos dentro del alma como principio rector— que debemos escuchar para alcanzar el ideal de la libertad del sabio. En el panorama del estoicismo romano, Epicteto es característico precisamente porque, frente a las otras dos figuras antes evocadas, Séneca o Marco Aurelio, él solo fue lo que quiso ser, simplemente un maestro de filosofía que, a través del coloquio directo, al modo socrático, en sus lecciones y conferencias públicas, asequibles y comprensibles para todo tipo de público, quiso difundir su doctrina como liberadora para todos.

Como sabemos, resultó una figura inspiradora para Marco Aurelio (121-180), el emperador estoico, que fue casi su contemporáneo, más joven. Aunque no sabemos que recibiera directamente enseñanzas filosóficas de Epicteto, lo cita como inspiración desde que se dedicó al estoicismo en 132, con las lecciones de Quinto Junio Rústico. ¡Qué diferente la posición social de ambos! La relación generacional y de doctrinas se empeña en relacionar a ambos como los dos filósofos más conocidos del siglo II de nuestra era, en este momento clave de un mundo en transformación. El uno, Marco Aurelio, designado por Adriano como sucesor al trono cuando era muy joven, con la mediación de Antonino Pío como antecesor. El otro, relacionado acaso también con Adriano, que habría adquirido la condición de liberto y cuyas enseñanzas marcarán para siempre su época. Marco, que llegó a ser emperador mal de su grado, siempre guardó en la memoria las doctrinas estoicas de Epicteto y sus sucesores como guía de vida, en busca del principio rector que le haría ser libre. La paradoja es que un esclavo enseñe a ser libre al hombre más poderoso —y supuestamente más libre— del imperio.

Merece la pena reflexionar aún por un instante, aunque pueda parecer reiterativo, en esta paradoja: el gran emperador, epítome de un albedrío totalmente carente de ataduras, acaba aprendiendo de un pobre exesclavo sin nombre, ni gloria ni bienes, cómo ser libre, y se dedica a partir de entonces a la filosofía buscando esa verdadera libertad estoica. El exesclavo, que se supone que sabe lo que es no ser libre, afirma que la auténtica libertad no es la que se da por manumisión, como la que él obtuvo, sino la que se ejerce continuamente por medio de la filosofía, y que es nuestra responsabilidad buscar siempre la verdadera libertad que confiere el estoicismo. En ambos casos, el del emperador y el esclavo, vemos que la libertad reside en desembarazarse de los bienes aparentes que las convenciones sociales, políticas o económicas nos imponen. Una cosa es lo que la sociedad cree que debemos perseguir y otra lo que la razón interior nos dice, en pos de bienes más allá de lo aparente y que solo el principio interior puede revelarnos con su acertada guía.

Acaso el propio Marco Aurelio, famoso, rico y noble, sabía que no era tan libre como hubiera deseado, sometido a la carga de la púrpura imperial, de las campañas continuas, de las intrigas cortesanas y de otras muchas obligaciones que le amenazaban. En cambio, Epicteto, cojo, humilde, anónimo y solitario, sostenía que una persona cualquiera, como él mismo, con todas sus carencias y defectos, podría ser más libre que los ricos y poderosos, y se centraba en enseñar esta lección: solo la razón nos hace libres. El éxito de las doctrinas que nos propone Epicteto reside en que fue capaz de comunicar en breves lecciones condensadas las dificultades de proceso de realización y de iluminación filosófica que propone el estoicismo. En 176, Marco Aurelio, persuadido de que la filosofía era un bien público y el único quizá capaz de hacer libre a las personas, estableció cuatro cátedras de filosofía en Atenas, de las cuatro grandes escuelas, una de ellas estoica.

Por supuesto, las enseñanzas de Epicteto se remontaban a la vieja estoa helenística, pero es renovador en su optimista idea de cómo la filosofía nos puede cambiar la vida. Es un maestro humilde que aspira a la revelación filosófica desde el trabajo y la misión cotidiana —nos recuerda a tantas otras iluminaciones que han sucedido al largo de la historia de la filosofía y las religiones— y a una toma de conciencia de que, en este universo sujeto al cambio, la clave es replegarse a la voz interior para escuchar la de la providencia trenzada por la razón ordenadora del todo. Con la otra postura antitética, la de los epicúreos, que defienden que todo es producto de una azarosa combinación de átomos en una especie de caos sin sentido, se acuerda que lo único que nos puede salvar es la labor filosófica. Esto lo comparten plenamente Epicteto y Marco Aurelio, que por muy diversas razones, unas intuidas y otras, a veces atestiguadas, vieron su misión en el ejercicio de la virtud estoica. Se persuadieron ambos, en algún momento revelador de sus vidas, de que el universo estaba dotado de un sentido que podían percibir de algún modo —muy lejos de lo que les había tocado vivir como convenciones sociales—, mirando hacia dentro, y se dieron cuenta de que una porción de la razón divina que ordena el cosmos les hablaba de alguna manera íntima y secreta y les revelaba su misión de dedicarse a la filosofía. Uno desde su pequeña escuela y el otro desde la púrpura imperial trabajan desde la íntima convicción de que la filosofía proporciona la salvación al ser humano.

¿Y este *Manual* que tiene el lector entre sus manos? En principio es un resumen con el que Arriano quiso seleccionar, como dice Simplicio en su prefacio a su comentario, «aquello más importante y principal de su filosofía, y lo más conmovedor para las almas», parafraseando al propio discípulo fiel. Arriano se creía en la obligación de transmitir en un libro breve —una especie de conciso vademécum de las ideas que más repetía en sus clases— la doctrina de Epicteto para la salvación de la mayoría. Parece que este manual Arriano se lo dedicó a un tal Mesalino, amigo suyo, que quizá pueda ser identificado con Cayo Ulpio Prastina Pacato Mesalino, cónsul en 147, pero no hemos conservado esta dedicatoria. La mayor parte de los textos del *Manual* se inspiran en pasajes más largos y nutridos de reflexión en las *Disertaciones* o bien tienen paralelos en otros fragmentos conservados de Epicteto, cuyo pensamiento pretenden condensar. Se han transmitido estos resúmenes en los 53 capítulos que componen el manual, algunos con dudas sobre su transmisión o su autenticidad, como se apunta en las anotaciones, y a veces están demasiado sintetizados. Mientras que las *Disertaciones* recogen diálogos sencillos y conversaciones de clase, además de algunas conferencias públicas, el *Manual* prefiere centrarse en lo que seguramente constituya el núcleo duro de la enseñanza de Epicteto.

SENTIDO Y PERVIVENCIA DEL *MANUAL*

Está clara en todo caso la común finalidad didáctica que guio a Arriano. Hay algo curioso; el interés ya mencionado en la idea de «tener a mano» que está implícita en la palabra *Encheiridion*, que viene del griego *cheir*, «mano». En los textos de Epicteto y Marco Aurelio abunda el deseo de «que tengas a mano» (*procheiron esto*) las doctrinas que recuerdan sus escritos. De ahí la idea de «manual», del *Enquiridión*, como también se ha escrito en castellano, que no quiere ser solo un extracto elaborado por Arriano a partir de las *Diatribai*, sino casi un instrumento de acción. Y ello porque hay un doble sentido en el uso de *Encheiridion*, como recuerda Simplicio en su comentario: «Se titula *Encheiridion* porque conviene tenerlo siempre a mano y preparado para quien desea vivir bien. De hecho, el *encheiridion* militar es un arma que conviene tener siempre a mano». En efecto, la acepción más conocida de la palabra griega *encheiridion*, como aquel objeto que se ajusta a la mano o que está siempre a mano, es la de una pequeña daga, un puñal de uso personal que los militares tenían siempre a mano para cualquier eventualidad: entre las cuales, por supuesto, se incluía el suicidio como última salida. Huelga recordar la cercana relación de la escuela estoica con algunas defensas del suicidio en determinadas circunstancias, muy reiteradas e incluso ejemplificadas por varios de sus miembros en su peripecia vital (Séneca, el más recordado, pero también, según diversas noticas, Cleantes, Antípatro, Crisipo y Eratóstenes, y quizás el propio Zenón).

Es interesante, además, que el manual fuera pronto comentado, como hemos visto en el caso del neoplatónico Simplicio (*c.* 490-560), que lo comenta en la antigüedad tardía, y que luego reciba alguna interesante exégesis cristiana. Desde la adaptación tardoantigua de la filosofía pagana, sobre todo platónica y estoica, algunos autores querrán recuperar preceptos éticos o metafísicos en su idea de escribir, primero, protrépticos para la conversión de los paganos al cristianismo y, después, obras que justifiquen la comunión entre la mejor filosofía griega y la nueva teología cristiana. Así, en concreto, habrá varias paráfrasis cristianas del *Manual* de Epicteto, una de ellas transmitida bajo el nombre de Nilo de Ancira: esos textos serán muy importantes a partir del redescubrimiento de Epicteto en el tardío medioevo y en el Renacimiento y darán carta de naturaleza, junto con la interpretación cristiana de Séneca, para un neoestoicismo de cuño cristiano. En este sentido, desde las traducciones latinas de humanistas italianos del *quattrocento*, como Nicolò Perotti y Angelo Poliziano (1450 y 1497), se empieza a difundir entre los humanistas cristianos, calando en personajes tan dispares como Erasmo de Rotterdam, Ignacio de Loyola y, sobre todo, Justo Lipsio (1547-1606), que escribirá parte de su obra acerca de la filosofía estoica tratando de vincular su ética al cristianismo. Los ecos de Epicteto, su figura y su obra son muy variados. Por ejemplo, el citado Erasmo, que parafrasea su título en su *Enchiridion militis christiani*, mientras que Juan Luis Vives lo usa en su *Introductio ad sapientiam* y en *Collectanea moralis philosophiae* y Montaigne es deudor de su pensamiento en sus *Ensayos*. La filosofía moral, desde el final de la Edad Media y al Barroco, intentará conciliar el estoicismo, especialmente el senequiano, con el cristianismo. Sobre todo, en esta época de guerras de religión. El momento álgido del neoestoicismo lo marca la publicación del *De constantia* de Lipsio (1584) y la traducción francesa de Guillaume Du Vair (1586).

Hay que decir que la rehabilitación renacentista de Epicteto fue muy importante en España, donde el *Manual* se publica por primera vez en 1555 con una edición del texto griego de Hernán Núñez llamado «el Pinciano» —el gran helenista de la Universidad de Salamanca—, y una versión latina a cargo de un estudioso italiano, Jacobo Ferando, con los oficios impresores de Alejandro Canova, en el marco del Colegio Trilingüe de Salamanca, creado en 1511 para el estudio del latín, el griego y el hebreo. Un año después recibe a Epicteto el dominico Luis de Granada, que incorpora máximas y citas en sus sermones y en su *Guía de pecadores* (1556). No tardaron mucho en aparecer traducciones castellanas de Epicteto: la de Francisco Sánchez de las Brozas, llamado «el Brocense», catedrático en Salamanca desde 1573, se publica en 1600. Es una traducción muy libre, que viene a enmendar de alguna forma la más ajustada al texto de Gonzalo Correas, catedrático de griego desde 1601, que publica en 1630 en Salamanca junto con la Tabla de Cebes y su propuesta de renovación de la ortografía castellana. La tercera versión, esta vez en verso, es la de Francisco de Quevedo publicada en 1635, en Madrid y Barcelona, junto con el texto de Focílides. Es una buena prueba del conocimiento del griego del gran poeta madrileño, y de su interés, en la línea de Lipsio, por un nuevo estoicismo cristiano. Publicó junto con su versión una defensa de los estoicos contra Plutarco, y otra de Epicuro «contra la común opinión». A partir de Quevedo, Epicteto tendrá cierta influencia en la literatura y en la historia de la traducción en España, como han estudiado Menéndez Pelayo y más recientemente Fuentes González, con alguna otra traducción como las de Pedro de Rúa y Antonio Brum, aun en el siglo XVII, o la de José Ortiz y Sanz, también traductor de Marco Aurelio, a finales del siglo XVIII. En cuanto a las *Disertaciones* o *Diatribas* de Epicteto cabe mencionar la traducción de algunos pasajes como *Las Pláticas de Epicteto* a cargo del humanista Pedro de Valencia (1555-1620), discípulo del Brocense, como ha estudiado Nieto Ibáñez, junto con su tradición anterior y la influencia en otras obras suyas.

En resumen: Epicteto, con su influencia en el judeohelenismo, neoplatonismo y cristianismo, en un largo recorrido que llega hasta el Renacimiento y el Barroco de Lipsio o de nuestro Quevedo, aparece como un autor imprescindible de la larga historia posterior del estoicismo. Tras un cierto repliegue en la modernidad, la escuela estoica fue reivindicada posteriormente a partir de mediados del siglo xx, sobre todo tras las magníficas monografías de Max Pohlenz (1943) y John M. Rist (1969). Desde entonces, se ha dado un renacimiento del estoicismo, ya comentado, y que ha llevado incluso a crear autodenominadas «nuevas estoas». Pero, además de las divulgaciones de esta filosofía, pensadores modernos en diversos países, desde Massimo Pigliucci y Byung-Chul Han, hasta Javier Gomá o Jorge Freire están reivindicando hoy activamente parte del legado estoico. Quizá deberíamos frecuentar más los conceptos filosóficos griegos y latinos —ataraxia, consolatio, enkrateia, fortitudo o apatheia—, en vez de usar tantos términos espurios y prestados del inglés, que nos invaden cíclicamente. Replegarnos, en suma, como aconseja Epicteto, y escuchar la voz de los viejos maestros que nos llevan a oír al fin la voz de la razón interior.

ENTRE EPICTETO Y QUEVEDO. SOBRE ESTA EDICIÓN

Solo restan unas líneas para justificar esta nueva edición del *Manual*, con sus características, sus aportaciones y sus novedades y añadidos. Esta traducción castellana pretende ser fiel al original griego y captar su sencilla esencia, en estilo y pensamiento, y su directa intención, que interpela a cada uno de sus lectores, lo que pretendía Arriano al recopilar en estilo llano las doctrinas de su maestro Epicteto. Se sigue aquí la antigua edición de Oldfather, tantas veces reimpresa, alternada y acrecida con algún comentario y variación de Boter (1999) y Long (2018), que se comentan oportunamente en las notas (allí donde se ven cruces en el texto se marcan, siguiendo a Long, pasajes dudosos). En segundo lugar, se añade, después del *Manual* completo, una breve selección de las *Disertaciones*. De esta segunda obra, más amplia, de conversaciones en apariencia casuales con preguntas y respuestas entre el maestro y el discípulo, se han seleccionado algunos pasajes acerca de la ética del día a día, sobre la búsqueda de la felicidad y la libertad: de los temas principales de la obra como el libre albedrío, los bienes necesarios y los accesorios, y la recta consideración de las impresiones o imágenes mentales para formular un juicio correcto, lo que presentamos en este libro como complemento es simplemente una breve antología de las más pertinentes para el tema de la libertad, de cómo liberarse de miedos y elegir libremente los bienes que más convienen a nuestra razón.

Finalmente, hemos añadido en este libro, como apéndice, la traducción en verso castellano del *Manual* de Epicteto que elaboró el gran literato Francisco de Quevedo y Villegas. Como valor añadido, se presenta su traducción en verso. Me parecía que, después de la traducción en prosa del *Manual*, le venía muy bien al lector una traducción en verso para que así acaso le queden más grabadas a fuego las máximas de ese sabio filósofo que pueden hacer nuestra vida mucho más libre. El propio Quevedo lo creía así y esgrime en su introducción a su versión en verso, como principal razón de haberla realizado, la siguiente: «Hícela en versos consonantes, porque el ritmo y la armonía sean golosina a la voluntad y facilidad a la memoria.»

En fin, aquí hay que hacer caso a Quevedo, y a tantos otros que han tomado estas doctrinas como inspiración en los más diversos momentos, desde los más apacibles a los más complicados. A mí personalmente me han llevado a ellas con aprovechamiento no solo las lecturas amistosas de los grandes que nos han precedido —de Epicteto a Quevedo— sino, sobre todo, los consejos y la compañía de los amigos y los maestros. En el capítulo de agradecimientos, por tanto, debo citar ante todo a mi compañero en labores estoicas Óscar Martínez García, toda una inspiración por su trabajo honesto y constante, del que es ejemplo su modélica traducción de este mismo texto, aparecida hace unos años. También, por supuesto, a nuestro común maestro Carlos García Gual, cuyas clases y escritos —el último, en un libro en común sobre estoicismo romano en esta misma colección— han sido una guía segura para el acercamiento a la filosofía helenística. Por último, de nuevo, quiero dar las gracias a mi tío Juan Emilio, cuyo hospitalario *oikos* en Navacerrada —donde se acaban de escribir estas líneas en julio de 2024— se ha convertido en una combinación inédita de estoa y jardín para el simposio filosófico. Decía Cicerón que lo mejor en la vida es aunar naturaleza y libros —*si hortum in bibliotheca habes, deerit nihil* (*Epistulae ad familiares* 9.4)—, y si a eso le añadimos familia y amistad, pasaremos de la mejor manera el tiempo que nos quede.

MANUAL DE VIDA

1. De las cosas que hay, unas dependen de nosotros y otras no. De nosotros, el juicio, el impulso, el deseo, la aversión y, en una palabra, cuanto es asunto nuestro. Y no de nosotros el cuerpo, la propiedad, la fama, el poder ni, en una palabra, cuanto no es asunto nuestro. Y las cosas que dependen de nosotros son por naturaleza libres y no se las puede estorbar o impedir, mientras que las que no dependen de nosotros son débiles, serviles, sometidas a impedimento y ajenas. Recuerda entonces que cuando creas que son libres las cosas que por naturaleza son serviles y que las ajenas son propias, sufrirás obstáculos, padecimiento y turbación, y harás reproches a los dioses y a los hombres. Pero si crees que solo es tuyo lo que es tuyo y que lo que es ajeno es ajeno, como es en verdad, nadie te forzará jamás en ningún sentido, nadie te obstaculizará, no harás reproches a nadie ni echarás las culpas a ninguno; nunca obrarás mal de tu grado en ningún asunto, nadie te dañará ni tendrás ningún enemigo, pues no sufrirás nada dañino.

Recuerda entonces que, cuando desees alcanzar estas cosas, no conviene dedicarles atención precisamente con

mesura, sino que las unas hay que dejarlas de lado completamente y las otras posponerlas por el momento. Mas
si deseas dos cosas a la vez, es decir, alcanzar esta doctrina
y, además, obtener prebendas y riquezas, acaso no hallarás
ninguna de estas últimas y, por el hecho de que las has deseado, perderás totalmente las primeras; pues solo a través
de esta vía se alcanzan la libertad y la felicidad.

Conque, ahora, al punto, trata decirte ante toda imagen mental[1] que te perturbe: «Eres solo una impresión, en
absoluto lo que representas». Luego examínala y ponla a
prueba con las reglas que tienes a mano. Con la primera
muy especialmente, es decir, si es de las cosas que dependen
de nosotros o de las que no dependen. En caso de que se
trate de algo que no depende de nosotros, que esté a mano[2]
aquello de: «No significa nada para mí».

2.   Recuerda que la promesa del deseo es la obtención de
aquello que se apetece y que la promesa de la aversión es
el escape de aquello que se quiere evitar, y que mientras el
no obtener lo que se apetece nos priva de dicha, el recaer
en el objeto de aversión nos hace desdichados. Pues si

---

1   *Phantasía*, un término procedente del verbo *phainomai*, es un
concepto importante para los estoicos, pero difícil de traducir. Aquí
no se refiere a nuestro moderno concepto de imaginación, sino a una
facultad del alma que refleja las impresiones que produce el mundo
exterior y las deja grabadas en la mente: la traducimos indistintamente
por «imagen mental» o «impresión».

2   La idea de tener a mano (*procheiron*) se relaciona con la del
objeto o tratado «manual» que los estoicos defienden para su filosofía
práctica. Aparece a menudo en Marco Aurelio con el imperativo «ten a
mano» (*procheiron esto*), cf. p.e. *Meditaciones,* V 1, VII 63, XI 18.

sientes aversión exclusivamente de las cosas contrarias a la naturaleza[3] que dependen de ti, no sufrirás nada de lo que quieres evitar. Mas si sientes aversión por la enfermedad, la muerte o la pobreza, serás desdichado. Conque aparta tu aversión por todo aquello que no depende de nosotros y trasládalo hacia las cosas contrarias a la naturaleza que sí dependen de nosotros. En particular, acerca del deseo, aniquílalo completamente por el momento. Pues si apeteces algo de lo que no depende de nosotros, por necesidad quedarás sin dicha, y tampoco las cosas que sí dependen de nosotros, y de las que es bueno apetecer, estarán ya nunca a tu disposición. Haz uso solamente de la motivación y la desmotivación, pero, sin embargo, solo con liviandad, con reserva y no intensamente.

3. En cuanto a todo lo que distraiga tu alma, ya sea porque te es útil o porque lo ames, recuerda enunciar para ti mismo cómo es, comenzando por pequeños detalles. Si te gusta un jarrón, enuncia: «Me gusta un jarrón». Y cuando este se rompa en pedazos no te turbes. Si besas a tu hijo o a tu mujer, recuerda que besas a un ser humano. Y cuando mueran no te turbes.

4. Cuando vayas a emprender cualquier actividad, recuérdate a ti mismo de qué actividad se trata. Si vas a tomar los

---

3 *Parà phýsin* es una idea estoica, común a la escuela cínica, que aboga por rechazar la vida marcada por las convenciones sociales sobre lo que son bienes (el dinero, la fama, las posesiones, etc.), pero que en realidad están «en contra de la naturaleza».

baños, pon ante tu mente lo que suele ocurrir en los balnearios, a los que salpican, a los que te empujan o te injurian o te roban, y así emprenderás la actividad más seguro, si enuncias de antemano para ti mismo: «Voy a tomar los baños y deseo conservar mi elección de acuerdo con la naturaleza».[4] Y así con cualquier otra actividad, pues si algo obstaculiza el acto de tomar baños, tendrás a mano aquello de: «Esto no es lo único que quería, sino también conservar mi elección de acuerdo con la naturaleza. Y no la conservaré así si me indigno con respecto a lo que ocurra».

5. No son las cosas las que turban a las personas, sino las opiniones acerca de las cosas. Por ejemplo, la muerte no es nada terrible (pues, de ser así, a Sócrates se lo habría parecido también),[5] sino que lo terrible es la opinión de que esta sea realmente algo terrible. Pues cuando nos encontramos obstaculizados, o turbados o entristecidos, no culpemos a nada más que a nosotros mismos, es decir, a nuestras propias opiniones. Es propio de un ignorante culpar a los demás por las cosas en las que uno mismo actúa mal. Del que comienza su educación es propio el culparse a sí mismo. Y del ya educado ni lo uno ni lo otro.

---

4   La expresión es *katà phýsin* que, por el contrario, se refiere precisamente al ideal cínico y estoico de llevar una vida «conforme a la naturaleza».

5   El estoicismo recuerda a menudo al Sócrates de Platón en los diálogos que se refieren a su preparación y su entereza ante la muerte, como el *Fedón*, un diálogo sobre el alma en la víspera de su muerte por condena de la ciudad, o el *Critón*, que transcurre también en prisión. Sócrates parece el filósofo predilecto de Epicteto, que lo cita en el *Manual* y en las *Disertaciones*.

6. No presumas de ninguna ventaja que te sea ajena. Si tu caballo presumiera diciendo: «Soy bello», sería aceptable. Pero si eres tú el que presumes de ello diciendo: «Tengo un bello caballo», que sepas que te estás vanagloriando de un bien que pertenece a tu caballo. ¿Qué es lo tuyo entonces? El uso que haces de las imágenes mentales. De esta manera, cuando te mantengas en el uso de las imágenes que vienen a tu mente según la naturaleza, entonces te será dado presumir, pues podrás enorgullecerte de un bien que depende de ti.

7. Cuando viajas en barco, este fondea en algún momento y desembarcas para conseguir agua, y quizá de paso vuelves con algún pequeño crustáceo o alguna pequeña verdura; sin embargo, has de tener la mente fija en el barco y continuamente volverte hacia él, no sea que te llame el capitán, y, si te llama, hay que dejarlo todo de prisa para que no te arrastren a bordo atado a la fuerza como el ganado. Pues de la misma manera sucede en la vida: si se te entrega, en lugar del pequeño vegetal o el molusco, una esposa y un hijo, no será ningún impedimento; pero si el capitán te llama, corre hacia el barco dejando todo aquello detrás de ti sin volver la vista hacia atrás. Y si fueras anciano, entonces no te alejes mucho del barco, no sea que al ser convocado faltes a la llamada.[6]

8. No pidas que las cosas sucedan como quieres que lo hagan, sino mejor pide que las cosas sucedan como suceden, y todo irá bien.

------

6 Obviamente, la llamada del capitán del barco; es decir, la de la divinidad cuando llame para emprender la travesía de dejar la vida.

9. La enfermedad es un impedimento para el cuerpo, pero no para la voluntad, a no ser que esta lo desee. La cojera es un impedimento para la pierna, no para la capacidad de juicio. Di esto para ti mismo en cada situación en que encuentres un impedimento, pues así encontrarás que es un impedimento para cualquier otra cosa, pero no para ti mismo.

10. Recuerda buscar dentro de ti mismo, ante cada cosa que pueda sucederte, qué capacidades posees para afrontarla. Si ves a un bello muchacho o una bella muchacha, hallarás que la templanza es la capacidad que necesitas ante ellos. Si te afecta el dolor, hallarás que es la fortaleza. Si se trata de una injuria, descubrirás que la resistencia. Pues, si te acostumbras a obrar así, no te arrastrarán sus imágenes mentales.

11. Que nunca llegues a decir acerca de nada «lo he perdido», sino «lo he devuelto». ¿Murió tu hijo? «Ha sido devuelto». ¿Murió tu esposa? «Ha sido devuelta». ¿Te han robado las tierras? También estas «han sido devueltas». «Pero —dirás— el que me las ha robado es un malvado». ¿Y qué te importa a ti el medio a través del cual te lo reclamó el donante?[7] Mientras que te hayan sido otorgadas estas cosas, cuida de estas como si fueran cosas ajenas, como hacen los huéspedes en un albergue.

---

7 De nuevo, la divinidad o la providencia, que es la que dispensa los bienes externos. Marco Aurelio también insiste en esta idea, en lo efímero de estos bienes, que son como hojarasca, cf. *Meditaciones*, X 34.

12. Si quieres progresar,[8] deja de lado estas cábalas: «Si no me cuido de mis asuntos, no tendré medios de vida»; «Si no castigo a mi esclavo, se volverá malo». Pues es mejor morir de inanición habiendo llegado a estar libre de preocupaciones y miedos que vivir turbado en la abundancia. Y mejor también que tu esclavo sea malo a que tú seas un desdichado. Conque has de comenzar por los pequeños detalles. Si se derrama un poco de aceite o te roban un poco de vino, di para ti mismo: «Tal es el precio de la imperturbabilidad, tal es el de la serenidad». Nada es gratis. Cuando llames a tu esclavo, recuerda que puede no responder, o que, si te responde, puede que no haga nada de lo que quieres. Pero, en todo caso, no hay nada suficientemente bueno como para que tu paz interior dependa de ello.

13. Si quieres progresar, tolera el parecer un insensato o un necio por causa de las circunstancias externas; y no quieras parecer un sabio. Y si hay alguien que te considera uno, entonces desconfía de ti mismo. Que sepas que no es fácil conservar tu capacidad de juicio en armonía con la naturaleza y a la vez ocuparte de las circunstancias externas. Sino que, si te ocupas de la una, es necesidad que te desocupes de las otras.

---

8 Se supone que el interlocutor en este manual es un joven o un principiante que se inicia en la filosofía estoica. En todo caso, la perfección filosófica parece siempre un fin inalcanzable para «el que progresa» (*prokopton*).

14. Si quieres que tus hijos, tu mujer y tus amigos vivan para siempre, eres un necio. Pues pretendes que dependan de ti cosas que no dependen de ti y que sean tuyas las que son ajenas. Asimismo, si quieres que tu esclavo no yerre, eres un idiota, ya que pretendes que un mal no sea un mal, sino otra cosa. Pero si quieres no errar en tus deseos, esto sí que es posible conseguirlo. Así que ejercítate en lo que puedes lograr. El señor de cada cual es aquel que tiene el poder de otorgar o arrebatar las cosas que este desea o deja de desear. Conque aquel que desee ser libre, que no desee nada ni huya de nada de lo que depende de los demás. Si no lo hace por fuerza será un esclavo.

15. Recuerda que conviene que te comportes como si estuvieras en un banquete. Algo se ofrece en una bandeja ante ti: pues, alargando la mano, participa de ello moderadamente. Si acaso pasa de largo, no lo retengas. Y si no llega, no lo intentes más allá de tu deseo; sino más bien espera hasta que llegue hasta ti. Y obra así con tus hijos, con tu mujer, con los cargos públicos, con la riqueza, y de esta manera algún día llegarás a ser un digno compañero del banquete de los dioses. Pero si no solo no tomas las cosas que se presentan ante ti, sino que las desdeñas, entonces no solo serás compañero de mesa con los dioses, sino también de poder. Haciendo así Diógenes,[9] Heráclito[10]

---

9 Se refiere, claramente, a Diógenes de Sínope (*c.* 400-328 a. C.), el fundador de la escuela cínica.

10 Heráclito de Éfeso (*c.* 535-480 a. C.), el célebre filósofo presocrático, muy leído y adaptado por los estoicos. Su idea del logos común

y otros como ellos llegaron a ser merecidamente hombres
divinos[11] y llamados así.

16. Cuando veas a alguien llorando sumido en el dolor por
haber perdido un hijo o por haber sido privado de su hacienda, cuida de no dejarte arrastrar por la imagen mental
de que esa persona está sufriendo males sino, por el contrario, ten enseguida a mano esta respuesta: «Lo que le opri-
me no es lo que ha sucedido —pues eso mismo no afecta
a ningún otro—, sino su juicio acerca de ello». Pero entre
tanto, no dudes en consolar de palabra su dolor, o, si se
tercia, en compartir sus lamentos. Sin embargo, cuídate de
no lamentarte de veras por dentro.

17. Recuerda que eres actor en un drama que discurre
como desea el director.[12] Si breve, porque lo quiere breve.

es muy importante desde la Estoa antigua hasta Marco Aurelio. Una
lectura alternativa es la de G. Boter, que quiere leer aquí «Heracles»,
en referencia a este héroe mitológico que fue utilizado como modelo
filosófico desde la sofística en adelante.

11 Hay ciertos filósofos que entran en la categoría de «hombres divinos» (theioi andres) por su especial cultivo de la virtud o sus inspiradas
doctrinas, sobre todo en la edad arcaica de los llamados presocráticos.
Pitágoras y Heráclito son claros ejemplos. Luego se hablará del «divino
Platón».

12 La metáfora de la vida como teatro es de las más antiguas,
como ha estudiado E. R. Curtius. En este caso, para el estoico Epicteto
el director de la obra teatral es un trasunto de la divinidad. Marco
Aurelio también recurre a esta analogía, y al final de sus Meditaciones
XII, 39 escribe: «Hombre, has sido ciudadano de esta gran ciudad.
¿Qué te importa si durante cinco o cincuenta años? Pues lo que es
conforme a sus leyes es lo mismo para cada cual. ¿Y qué hay de terrible

Si largo, porque lo prefiere largo. Si quiere que interpretes a un pobre, debes actuar de forma convincente según el papel. Y de la misma forma si quiere que seas un cojo, un cargo público o un particular. Lo tuyo es esto: representar un buen papel en la actuación. Pero el asunto de elegir le corresponde a otro.[13]

18. Cuando un cuervo te grazne con mal augurio, que no te posea la imagen mental sobre ello, sino, directamente, trata de distinguirlo en tu fuero interno diciéndote para ti mismo que «nada de esto contiene una señal que me concierna a mí, sino a este insignificante cuerpo mío, a mi pequeño patrimonio, fama, hijos, o esposa. Para mí, por el contrario, todos los augurios serán favorables si yo lo quiero así, porque ante cualquier cosa que resulte de ellos depende de mí aprovecharlo».

19. Puedes ser invencible si no participas en ninguna lid con nadie en la que vencer no dependa de ti. Si ves a alguien al que se otorgan honores preferentes, o con un gran poder o que estimes de buena fama por cualquier otro

si no es un tirano ni un juez injusto el que te expulsa de esta ciudad, sino la naturaleza que te metió en ella? Es como si un actor de comedia fuese expulsado de la escena por el magistrado que lo contrató. "Pero es que no he dicho mis cinco actos, sino solo tres". "Pero los has dicho bien. Porque en la vida también tres actos pueden ser el drama entero". Aquel que determina el final es el que antaño fue responsable de tu composición y ahora lo es de tu disolución. Tú, en ambos casos, no tienes responsabilidad, así que márchate en buena hora, pues el que te disuelve también está sereno».

13 Evidentemente, la divinidad (cf. *Disertaciones* I 29,41-43).

motivo, mira que no hayas sido arrebatado por una impresión de tu mente al considerarlo afortunado, pues si la esencia del bien reside en lo que depende de nosotros, no hay espacio ni para la envidia ni para los celos. Y, en cuanto a ti mismo, no querrás ser ni un general, ni un senador ni un cónsul, sino simplemente libre. Hay un solo camino hacia esto: el desprecio de las cosas que no dependen de nosotros.

20. Recuerda no te dañan los insultos ni los golpes de otra persona, sino la opinión que te formas sobre el hecho de que aquello te está dañando. Conque, cuando alguien te provoque, sábete bien que en realidad es tu propia percepción la que te provoca. Así pues, desde el principio, trata de no dejarte arrastrar por esta imagen mental. Tómate un poco de tiempo de reflexión y serás dueño de ti mismo más fácilmente.

21. Que estén ante tus ojos cada día la muerte, el exilio y todas † las otras cosas † que te parecen terribles, especialmente, ante todo la muerte, y nunca pensarás en tu ánimo nada vil, pero tampoco anhelarás nada con excesivo deseo.

22. Si deseas dedicarte a la filosofía, prepárate desde aquí mismo para ser ridiculizado y humillado por la mayoría con palabras así: «¡De golpe se ha vuelto filósofo!», o también: «¿De dónde saca esas ínfulas?». Pero tú no te des esos aires, sino mantente firme en lo que te parezca mejor, como aquel a quien la divinidad le ha ordenado quedarse en ese lugar. Recuerda que, si perseveras en esta actitud, los que

antes se reían de ti te admirarán después, pero que, si te doblegan, serás objeto de irrisión por partida doble.

23. Si alguna vez te sucede que vuelves tu mirada hacia el exterior con el deseo de gustarle a alguien, que sepas que has perdido tu disposición interior. Que te sea suficiente en todo el hecho de ser filósofo. Pero si, además, quieres parecerlo, muéstratelo a ti mismo y ✝ será bastante ✝.

24. Que no te opriman estos pensamientos: «Voy a vivir sin honores y no seré nadie en ninguna parte». Pues si el deshonor es un mal ✝(como es)✝, no puedes caer en ese mal por culpa de otro, ni tampoco en la vergüenza. ¿Es que acaso está en tu mano obtener un cargo público o ser invitado a los banquetes? En absoluto. ¿Y cómo es que eso resulta un deshonor? ¿Cómo es que serás nadie en ninguna parte cuando solamente conviene que seas alguien en lo que de ti depende, y en lo que te resulta posible llegar a lo más alto en cuanto a honores?

«¿No serás de ningún provecho para tus amigos?». ¿Qué quiere decir «ningún provecho»? No obtendrán un insignificante sueldo de tu parte, ni les podrás hacer ciudadanos romanos, pero ¿quién te ha dicho que esas cosas dependen de nosotros y no son asuntos ajenos? ¿Quién puede dar a otro las cosas que él mismo no posee?

«Así que consíguete un patrimonio, entonces», dirá uno, «para que ✝ también ✝ nosotros lo tengamos».

Si puedo conseguirlo conservando mis principios morales y mi confianza y generosidad, muéstrame el camino y lo haré. Pero si lo que me solicitáis es que deje que se pierdan los bienes de mi posesión para que vosotros consigáis cosas que no son bienes, considerad vosotros mismos cuán inicuos y egoístas sois. ¿Y qué primáis más? ¿Dinero o un amigo de fiar y de calidad moral? Entonces ayudadme en esto y no me pidáis que haga cosas que me hagan perder tales bienes.

«Pero la patria —seguirá diciendo— se quedará sin ayuda en lo que de mí depende».

De nuevo: ¿qué tipo de ayuda sería esa? No tendrá pórticos o baños públicos. ¿Y qué con esto? Tampoco recibe calzado por causa del herrero ni armas por la del curtidor. Será suficiente si cada cual cumple su propio trabajo. Pero si logras procurarle a tu patria otro ciudadano leal y de confianza, ¿no le estarías haciendo un beneficio?

«Sí».

En ese caso, tú mismo tampoco serías inútil para ella.

«¿Pero qué posición ostentaré en la ciudad?», dirá.

La que te posibilite conservar a la vez la lealtad y la calidad moral. Pero si al desear ser de utilidad pierdes tales cosas, ¿de qué provecho serías a tu patria si acabas volviéndote una persona desvergonzada y nada de fiar?

25. ¿Y qué si alguien obtiene el puesto de honor antes que tú en un banquete o en una celebración pública, o a la hora de ser llamado para dar consejo? Si esto sucede para bien, deberías complacerte de que le haya tocado a esa persona. Pero si es para mal, no te aflijas porque no te haya tocado a ti en suerte. Recuerda que, si no haces lo mismo que otros para obtener en suerte esas cosas, que no dependen de nosotros, no puedes exigirlas de la misma forma. Pues ¿cómo puede obtener lo mismo el que no ha llamado las puertas de otros ni los ha frecuentado? ¿Y el que no va

en el séquito frente al que sí se dedica a ello? ¿El que no da
halagos frente al que sí lo hace? Pues serías injusto y codicioso si quisieras tomar gratuitamente esas cosas sin haber
hecho frente al precio por el que se venden.

¿Cuánto cuestan unas lechugas? Un óbolo, si acaso.
Pues del mismo modo aquí también; si uno satisface el pago
del óbolo toma la lechuga, pero tú que, como no lo has
pagado, no te las puedes llevar, no creas que tienes menos
que el que se las cogido. Pues aquel tiene la lechuga y tú
el óbolo que no pagaste. Del mismo modo en lo anterior:
¿no fuiste invitado al banquete de alguien? Eso es porque
no has pagado al que invitaba el precio por el que se ven-
día la cena. Se vende a cambio de halagos, se vende a cambio de prestar atenciones. Entrega de antemano el precio
si estimas que vale la pena. Pero si deseas también estas
cosas sin pagar lo que cuestan, eres codicioso y estúpido.
Pero ¿no ganas nada en lugar de la cena? Sí: ganas el no tener que halagar a quien no deseas y no tener que soportar
todo lo que sucede a su puerta.

26. Es posible comprender la voluntad de la naturaleza a
partir de aquellas cosas en las que no diferimos unos de
otros. Por ejemplo, cuando el esclavo de otro rompe un
vaso, tienes a mano el decir al punto: «Son cosas que pa-
san». Conque hazlo también cuando rompan el tuyo; debes
actuar igual que cuando se rompe el de otra persona. Así,
trata de adoptar esta actitud también en lo más grave. Cuando muere el hijo o la mujer de otra persona no hay nadie
que no diga: «Ese es el destino de los seres humanos». Pero
cuando muere el familiar de uno mismo, al punto diremos:
«¡Ay de mí, desventurado!». Mas entonces convendría

recordar cuál fue nuestra sensación cuando nos enteramos de que esto mismo le ocurrió a otras personas.

27. Así como un blanco no se coloca para errar el tiro, de la misma forma tampoco existe en el universo una naturaleza del mal.

28. Si alguien entregase tu cuerpo a una persona cualquiera con la que se encontrara, te indignarías. En cambio, tú entregas tu propio juicio a cualquiera con el que te encuentras por casualidad, porque si este te insulta, queda aquel turbado y confundido. ¿No te avergüenzas por esto?

29.[14] Ante cada acción observa sus antecedentes y consecuencias y solo entonces acomete su ejecución. Si no lo haces, emprenderás animosamente su primera ejecución, como quien no ha tenido en cuenta para nada las consecuencias inmediatas, mas luego, cuando surjan dificultades de algún tipo, renunciarás a ello vergonzosamente. ¿Quieres ganar los Juegos Olímpicos? Y yo también, por los dioses, pues sería magnífico. Pero observa sus antecedentes y consecuencias y acomete solo entonces la acción. Has de ser disciplinado, hacer dieta, abstenerte de dulces, entrenar férreamente en los tiempos establecidos, en verano o invierno, sin beber refrigerios ni vino a placer; sencillamente, has de entregarte a tu entrenador como si fuera tu

---

14 Todo este epígrafe podría ser, siguiendo a Oldfather, un añadido, por su paralelo casi idéntico con *Disertaciones* III 15 y por omitirse en la paráfrasis cristiana.

médico. Luego, en la competición, deberás lanzarte al combate junto a los demás y hay ocasiones en que puede que te disloques una muñeca, te tuerzas un tobillo, te tragues un puñado de arena, resultes apaleado y puede que, tras todo eso, caigas derrotado.[15]

Por consiguiente, tomando todas esas cosas en consideración, si aún lo deseas, emprende la competición. Pero si no lo haces, te estarás comportando como los niños, que unas veces juegan a ser luchadores, otras a gladiadores, a trompetistas o a ser actores trágicos. Así te comportas también tú, que ora eres un atleta, ora un gladiador, ora un orador y, al fin, un filósofo, pero no haces nada con toda el alma, sino que, como un simio, imitas todo lo que ves y unas veces te gusta una cosa, otras veces otra. Pues no has llegado a emprender nada con la consideración precisa, después de haberle dado las debidas vueltas, sino en vano y con tibia vocación.

Así, tras contemplar algunos a un filósofo y haber oído a alguien hablar a la manera en que habla Éufrates[16] (si es que hay alguien capaz de hablar como él), desean también ellos filosofar. Hombre, primero considera el asunto y luego aprende cómo es tu propia naturaleza para ver si eres capaz de la tarea. ¿Deseas ser un pentatleta o un luchador en

---

15 La metáfora del atletismo para la poesía, la filosofía o la religión antiguas se atestigua en muy numerosos casos, desde Píndaro y Platón (Ion 503a) a las epístolas de san Pablo (p.e. 1 Tes. 2,2, Fil 1 30).

16 Éufrates (c. 35-118) fue un filósofo estoico, de origen sirio o fenicio, que sufrió el exilio decretado por Domiciano. Fue discípulo de Musonio Rufo y maestro y consejero de Plinio el Joven, y se le atribuía una extraordinaria erudición. Véase Disertaciones IV 17.

la palestra? Mírate los brazos, los muslos, date cuenta de cómo son tus caderas, pues uno es por naturaleza diferente de otro. ¿Piensas que eres capaz de hacer todo esto tal y como comes, bebes o † te encolerizas † o te disgustas, de la misma manera? Será preciso velar, sufrir privaciones, apartarte de tus familiares, ser despreciado por cualquier esclavo, resultar ridiculizado por los viandantes, verte humillado en todo sentido: en honores, en cargos, en derechos, en todo asunto. Toma esto en consideración, si quieres pagar el precio de todas esas cosas a cambio de la serenidad, la libertad y la imperturbabilidad. Y si no es así, no emprendas nada de esto, no vayas a terminar siendo como los niños: ora filósofo, ahora recaudador de impuestos, después orador y más tarde funcionario imperial; estas cosas no casan unas con otras. Conviene que seas una sola persona: o buena o mala. Has de fijarte o bien tu principio rector[17] o bien los asuntos externos; o cultivas tu interior o el exterior. Esto implica adoptar la disposición del filósofo o la del hombre común.

30. Las acciones que debes emprender se miden principalmente a tenor de las relaciones humanas. En cuanto a tu padre, lo propio es que cuides de él, permitirle todas las cosas y aguantar si te insulta o te golpea. «¡Pero es un mal padre!». Sí, pero ¿acaso por naturaleza te corresponde un buen padre? No, solo un padre. «Mi hermano se comporta mal conmigo». Sea, pues, mas conserva tu disposición

---

17 Para el estoicismo, el principio rector o *hegemonikón* es la parte más importante del alma y se ha de procurar que nos guíe, pues está conectado con la naturaleza racional del universo.

en relación con él y no atiendas a lo que hace, sino a lo que
has de hacer tú, según tu elección, para que actúes según la
naturaleza. Así nada ajeno a ti podrá dañarte si tú no deseas. Ciertamente, serás dañado solo cuando albergues el juicio de haber sido dañado. Hallarás lo que es oportuno si te
acostumbras a estudiar las relaciones humanas por medio de
los vecinos, de tus conciudadanos y de los cargos públicos.

31. Que sepas que lo más importante acerca de la piedad a
los dioses es esto: tener juicios correctos acerca de su existen-
cia y de que administran con rectitud y justicia el universo,
y que tú mismo estás situado en un orden en este marco, y
que has de obedecerles y aceptar todas las cosas que te sucedan y seguirlas de buen grado, en la creencia de que han
sido decididas con el más excelente designio. Así nunca harás reproches a los dioses ni les acusarás de descuido. Por
otro lado, no es posible que suceda esto si no separas tu idea
del bien y del mal de lo que no depende de nosotros y la re-
lacionas solamente con lo que depende de nosotros. Así, si
percibes un bien o un mal entre aquellas primeras cosas, con
toda necesidad sucederá que, cuando fracases en encontrar lo
que buscas y te toque en suerte con lo que no buscas, hayas
de culpar a los dioses y de odiarlos como los responsables.
  Y es que por naturaleza se ha dado a todo ser vivo una
vía de escape de aquello que le parece dañino o es causa de
ello, a fin de evitarlo, y también la capacidad de perseguir y
admirar tanto lo que parece de provecho o es causa de ello.
Resulta, pues, imposible que a aquel a quien le parece sufrir
un daño disfrute de lo que cree que le daña, así como tampoco es dado pensar que pueda disfrutar del propio daño.
De ahí que incluso que el padre sea injuriado por el hijo

cuando no le ha transmitido las cosas que cree que son bienes. Esto hizo que Polinices y Eteocles[18] se convirtieran en enemigos unos de otros, la creencia de que la tiranía es un bien. Por esta causa también lanzan injurias a los dioses el agricultor, el marinero, el comerciante y quienes han perdido a sus mujeres e hijos. Pues allí donde reside la conveniencia, ahí también está la piedad hacia ellos, de modo que aquel que se ocupa con cuidado de sentir deseos y aversiones por las cosas que le convienen, en eso mismo se ocupa con cuidado de su piedad. Pero es que realizar las libaciones y los sacrificios conforme a las costumbres de nuestros padres es lo conveniente †para cada cual†, si lo hace con pureza y no llevado por la inercia o de forma descuidada, sin hacer de menos o de más.

32. Cuando vayas a consultar a un oráculo[19] recuerda que no conoces qué habrá de pasar en el futuro (sino que precisamente marchas para averiguar esto del oráculo), pero lo que sucede, si en verdad eres un filósofo, habrás ido allí

---

18 En una terrible historia de rivalidad fraterna perteneciente al ciclo mítico de Tebas, los hijos del rey Edipo, Eteocles y Polinices, se enfrentaron por el control de la ciudad que les legó su padre. Ambos murieron combatiendo uno contra otro en distintos bandos que pugnaban por el gobierno de Tebas, un mito que está en la base de varias tragedias como *Los Siete contra Tebas* de Esquilo. El entierro de Polinices, enemigo de la ciudad, por su otra hermana Antígona, prohibido por el nuevo rey Creonte, es la clave de la *Antígona* de Sófocles.

19 Los estoicos aceptaban la adivinación, aunque con algún reparo, porque se corresponde bien con la idea de una razón ordenadora del cosmos y con la *sympatheia* que lo conecta todo. Véase también *Disertaciones* II 7.

sabiéndolo ya. Y es que, si se trata de una de las cosas que
no dependen de nosotros, es de total necesidad que no sea
ni un bien ni un mal. Conque no presentes tu deseo o aversión ante el oráculo (pues si lo haces te acercarás allí tem-
blando), sino hazlo en plena conciencia de que todo lo que
haya de suceder en el futuro es algo indiferente y no tiene
nada que ver contigo: sea lo que sea, te resultará posible
usarlo hermosamente y sin que nadie pueda impedírtelo.

Así que ten confianza al marchar ante los dioses te-
niéndolos como tus consejeros; y, por el resto, cuando te
den consejo sobre algo recuerda a quiénes has tomado como
consejeros y a quiénes estarías ignorando si no les haces
caso. Acércate al oráculo de la misma manera en que Sócrates estimaba adecuado hacer, cuando la consulta se centra
en conocer el resultado y siempre que la comprensión del
asunto no venga de la razón, de los impulsos ni de ninguna
otra habilidad. De modo que, cuando haga falta ponerse
en peligro a causa de un amigo o de la patria, no hay que
consultar el oráculo en cuanto a si se debe afrontar el peligro. Pues, aunque el adivino te profetice que los signos sa-
grados son desfavorables —lo que evidentemente significa
la muerte o el daño en alguna parte del cuerpo, o acaso el
destierro—, sin embargo, la razón te exige también en esta
situación que estés al lado del amigo o que te arriesgues al
peligro por tu patria. Así que presta atención al mayor adivino, Apolo Pítico, quien expulsó de su templo a quien no
ayudó a un amigo cuando estaba siendo atacado.[20]

---

20 El sobrenombre «Pítico» de Apolo hace referencia a Delfos,
pues fue allí donde venció a la serpiente Pitón y heredó su poder oracular,

33. Dispón para ti mismo cuanto antes de un carácter y un modelo de conducta que puedas mantener tanto cuando estés contigo mismo como cuando estés con otras personas.

Que reine en ti ante todo el silencio o habla solo lo necesario y ello a través de pocas palabras. Raramente, cuando la ocasión lo requiera, participa en la conversación, pero nunca sobre asuntos vulgares, como los juegos de gladiadores, las carreras del hipódromo, los atletas, la comida o la bebida —asuntos habituales en toda ocasión— pero, especialmente, nunca lo hagas para el reproche, el halago o la comparación con los demás. En cuanto te sea posible, conduce con tus razonamientos a los que te acompañan hacia los pensamientos más convenientes. Pero si sucediera que te han dejado solo entre extraños, quédate callado.

Que no se dé en ti fácilmente la risa, ni a menudo, ni abiertamente.

Abstente totalmente de hacer juramentos, si te es posible, y si no, hazlo en la medida en que puedas.

Evita ir a los banquetes fuera de tu círculo privado, pero si se da la ocasión oportuna en alguna circunstancia, ten cuidado de no incurrir en comportamientos vulgares. Que sepas, pues, que si un compañero de mesa está contaminado, es necesidad que también el que pasa tiempo con él, por muy puro que sea, acabe contaminándose.

---

que ejercía en su nombre una sacerdotisa llamada Pitia. Recuerda el papel de Apolo como dios de la adivinación en su oráculo principal, el de Delfos. La anécdota habla de dos amigos que iban al oráculo y fueron asaltados por bandoleros: uno huyó despavorido y dejó al otro malherido. Luego murió. Cuando el superviviente llegó al oráculo, fue expulsado del lugar (cf. Eliano, *Varia Historia* 3, 4 4).

En las cosas del cuerpo toma solo lo que necesites: por ejemplo, en la comida, la bebida, la vestimenta, la morada, la servidumbre; pero todo lo que concierne a la apariencia y el lujo, eso elimínalo totalmente.

Sobre las relaciones sexuales, mantente puro en lo posible antes del matrimonio; pero si te das a ellas, hay que limitarse a lo que es legítimo. No vayas luego a criticar a quien las practica a menudo, ni tampoco presumas por doquier de que tú no lo haces.

Si alguien te cuenta que otro habla mal de ti, no te defiendas de los rumores, sino, simplemente, contesta: «Es evidente que aquel ignora el resto de mis defectos, o no habría mencionado solamente estos».

No es necesario que frecuentes demasiado los espectáculos públicos. Pero si hubiera buena sazón para ello no muestres tu apoyo a nadie sino a ti mismo; es decir, desea solamente que ocurra lo que haya ocurrido y que el vencedor sea el que ha sido, pues así no te verás obstaculizado. Abstente totalmente del griterío y la burla por cualquier cosa, o de conmoverte en demasía. Pero una vez que te hayas marchado, no expongas en muchas palabras lo que ha sucedido y limítate a hablar de lo que contribuye a tu propia corrección, pues, si no, de tus palabras se desprendería que has quedado admirado ante el espectáculo.

No te presentes como por azar o a propósito en las conferencias públicas de ciertas personas; pero si te presentas en ellas, guarda un comportamiento serio, equilibrado y a la vez correcto.

Cuando vayas a encontrarte con alguien, en especial con quien sea considerado poderoso, pregúntate a ti mismo qué hubieran hecho en tal situación Sócrates o

Zenón[21] y no dudarás en cuanto a cómo comportarte de forma conveniente ante lo que pueda suceder. Cuando has de frecuentar a alguien que ostente un alto cargo, ponte en el caso de que no lo encuentres en casa, que te cierren las puertas o que no te atienda. Pero si, pese a todo, debes ir a verlo, no eludas tu obligación y aguanta lo que sea sin decirte nunca a ti mismo: «No era necesario»; pues esta es la reacción de un particular al que le afectan las circunstancias externas.

Cuando estés conversando en compañía, abstente de recordar tus propios hechos y peripecias sin cesar y continuamente. Puede que para ti sea grato evocar tus aventuras, pero acaso para los demás no es agradable escuchar acerca de las cosas que te han ocurrido. Evita también hacer chistes, pues este es un modo de comportarse que puede incurrir en la vulgaridad y que, a la vez, es suficiente para avergonzar a tus seres queridos. Es también posible resbalar en una conversación obscena, pero cuando suceda algo así, si el momento es oportuno, reprende al que lo haga; si no lo es, haz evidente que te disgusta la conversación mediante tu silencio, tu rubor y tu ceño fruncido.

34. Cuando recibas la imagen mental de cualquier tipo de placer, tal y como sucede con el resto de impresiones, guárdate de no dejarte arrastrar por ella. Que el asunto

---

21 Zenón de Citio (334-262 a. C.), de origen fenicio y nacido en Chipre, fue el fundador de la escuela estoica, que da comienzo en torno al año 300 a. C. y que toma su nombre de la *Stoa Poikile*, o «Pórtico Pintado», donde se reunía con sus acólitos.

quede en espera. Date un respiro. Luego, ten en mente ambos momentos: el primero, cuando estarás disfrutando del placer; el segundo, cuando, tras haberlo disfrutado, te arrepentirás y te injuriarás a ti mismo. Entonces, compara estos dos momentos con la manera en que te alegrarás y felicitarás a ti mismo si te abstienes del placer. Mas si te parece que es el momento oportuno para pasar a la acción, ten cuidado de no dejarte vencer por su atractivo, goce y seducción. Comparando una cosa con la otra, ¡cuánto mejor es tomar conciencia de la victoria que has conseguido!

35. Cuando, tras haber decidido que hay que emprender una acción, la realices, nunca evites ser visto haciéndola, incluso aunque la mayor parte de la gente pueda tener una opinión distinta a la tuya sobre el particular. Pues si no vas a obrar correctamente, has de evitar la acción; pero, si es correctamente, ¿por qué temes que te reprochen los que no tienen razón para ello?

36. En la expresión «es de día» y en la expresión «es de noche» hay una total validez a la hora de formar una proposición disyuntiva. Pero, tomadas como proposición copulativa, carecen de validez. Así también, en un banquete, elegir la parte más grande tendrá mayor valor para el cuerpo, pero conviene considerar si carecerá de validez de cara a la cortesía que se ha de guardar. Así que, cuando vayas a un banquete de otra persona, recuerda mirar no solo el valor para el cuerpo de los platos que se te ofrecen, sino también guardar el debido respeto hacia tu anfitrión.

37. Cuando representas algún papel que esté por encima de tus capacidades, en esto no solo te pones en ridículo, sino que además dejas de lado lo que sí eras capaz de cumplir.

38. Igual que cuando paseas procuras no pisar un clavo o no torcerte el tobillo, ten cuidado también de no dañar tu propio principio rector. Y si guardamos este principio en cada acción, la emprenderemos con más seguridad.

39. Medida de las posesiones es el cuerpo de cada cual, tal y como el pie lo es del calzado. Entonces, si te haces firme en esta regla, guardarás la medida; pero si te pasas, es necesidad que acabes arrastrado como por encima de un precipicio, por así decir. Igual ocurre en cuanto al calzado: si calzas más allá de la medida, primero tendrás un zapato dorado, luego de púrpura o ricamente bordado. Una vez has sobrepasado la mesura no habrá límite.

40. Las mujeres, en cuanto cumplen catorce años, son llamadas por los hombres «señoras». Entonces ellas, al ver que no tienen ninguna otra perspectiva que la de acostarse con ellos, comienzan a embellecerse y depositan en ese objetivo todas sus esperanzas. Es preciso advertirles para que se den cuenta de que en nada más serán respetadas sino en el mostrase prudentes y respetuosas.

41. Es señal de una inclinación natural defectuosa el pasar excesivo tiempo en asuntos relativos al cuerpo, como el hacer ejercicio físico, el comer o el beber, el defecar o el copular. Pues estas cosas hay que hacerlas como en un segundo plano: que toda la atención esté centrada en la intelección.

42. Cuando alguien te trata mal o habla mal de ti, recuerda que está haciendo o diciendo lo que cree que le corresponde. No es posible que se deje guiar por lo que te parece a ti bien, sino por lo que le parece a él, de modo que si lo que le parece a él es incorrecto, el que sufre un daño es él, pues es él quien se está equivocando. Pues si alguno toma por falsa una proposición copulativa que es verdadera, no daña a la proposición, sino a la persona que se equivoca. Así que, si partes de estas premisas, tendrás una disposición indulgente hacia quien te injurie. Puedes repetirte en cada ocasión: «Es su parecer».

43. Todo asunto tiene dos asas, una llevadera y otra no llevadera. Si tu hermano comete injusticia hacia ti, no lo tomes por aquí, por el lado de que comete injusticia (pues esa es el asa que no es llevadera); sino más bien por el otro lado, el de que es tu hermano y tu compañero de crianza, y entonces lo tomarás por donde es llevadero el asunto.

44. Estos razonamientos son incongruentes: «Yo soy más rico que tú, por tanto soy superior a ti»; «yo soy más culto que tú, por tanto soy superior a ti». Estos otros son más congruentes: «Yo soy más rico que tú, por tanto mis posesiones son superiores a las tuyas»; «yo soy más culto que tú, por tanto mi dicción es superior a la tuya». Pero tú no eres ni posesión ni dicción.[22]

---

22 Cf. variaciones sobre el tema en el epígrafe 6 y en *Disertaciones* III 14, 11.

45. Alguien se da un baño deprisa. No digas que lo hace «mal», sino «deprisa». Alguien bebe mucho vino; no digas que bebe «mal», sino «mucho». Hasta que no conozcas sus razones, ¿cómo sabes que lo hace «mal»? Así no te sucederá que, al recibir imágenes mentales auténticas,[23] des tu asentimiento a otras distintas.

46. Nunca digas de ti mismo que eres filósofo ni parlotees demasiado entre la gente corriente sobre tus doctrinas, sino simplemente cumple con lo que se deriva de estas doctrinas. Por ejemplo, en un banquete no digas cómo conviene comer, sino come como conviene. Recuerda que Sócrates era en todas partes tan abstraído en cuanto a toda forma de ostentación que la gente se dirigía a él para ponerse en contacto con filósofos, y él los llevaba ante estos.[24] Así subestimaba su reputación como uno de ellos. Y si la conversación, cuando estés entre gente corriente, recae sobre las doctrinas filosóficas de alguien, permanece en silencio casi todo el tiempo, pues hay gran peligro de que vomites de golpe todas las que no has podido digerir todavía. Pero cuando alguien te diga que no sabes nada y tú no te piques, entonces que sepas que acabas de emprender tu actividad de filósofo. Pues las ovejas no muestran a los pastores cuánto pasto han comido vomitándolo,

---

23 Se refiere a las *phantasiai kataleptikai*, un concepto del estoicismo, el de la catalepsia, que sirve para designar impresiones que se corresponden correctamente con el objeto representado y, por tanto, son verdaderas y criterios de verdad.

24 Cf. Platón, *Protágoras* 310e.

sino que, cuando han digerido por dentro la hierba, entonces producen en su exterior la lana y la leche. Y tú, de igual manera, no quieras exhibir tus doctrinas filosóficas delante de la gente corriente, sino muestra el resultado de su digestión con tu obrar.

47. Cuando estés en una correcta armonía en cuanto al régimen de las cosas del cuerpo, no te ufanes de ello; si solo bebes agua, no lo vayas proclamando todo el rato, que solo bebes agua; si quieres ejercitarte a través de privaciones en algún momento, que sea para ti mismo y no de cara al exterior: no sea que te vean cómo abrazas estatuas.²⁵ Entonces, si alguna vez tienes mucha sed, bebe un buen trago de agua fría y luego escúpela, pero no digas nada.

48. Actitud y disposición de una persona corriente: nunca espera beneficio o daño de sí mismo, sino que espera recibirlos del exterior. Actitud y disposición del filósofo: espera todo beneficio y daño de sí mismo.

Señales de alguien que va progresando: no reprocha a nadie, no alaba a nadie, no culpa a nadie, no acusa a nadie, no habla de sí mismo como si fuera alguien importante o como si tuviera algún conocimiento. Cuando encuentra un obstáculo o un impedimento, se echa la culpa a sí mismo. Y si alguien lo alaba, se ríe para sí mismo del que lo

25 La expresión remite a lo que se dice del cínico Diógenes de Sinope, que aguantaba todos los cambios de temperatura: en verano se tiraba sobre la arena ardiente y en invierno abrazaba las estatuas heladas (Diógenes Laercio 6.23). Cf. *Disertaciones* III 12, 2 y IV 5, 14.

alaba; si alguien le hace reproches, no se defiende. Como los convalecientes se comporta, teniendo buen cuidado de no mover sus miembros hasta que se hayan soldado convenientemente. Ha expulsado todo deseo de sí mismo y ha trasladado la aversión exclusivamente hacia las cosas que no son según naturaleza y dependen de nosotros. Hace uso de un impulso moderado ante todas las cosas. No le preocupa que pueda parecer un idiota o un ignorante. En una palabra: se guarda de sí mismo como si fuera su propio enemigo o un conspirador.

49. Cuando alguien se jacta de poder entender e interpretar los libros de Crisipo,[26] di para ti mismo: «Si Crisipo no hubiera escrito sin claridad, este no tendría nada de lo que jactarse». ¿Pero qué deseo yo? Entender la naturaleza y seguirla. Conque busco quien es el que la puede interpretar para mí. Al enterarme de que ese es Crisipo, acudo a él, pero no entiendo sus escritos, por lo que busco a quien pueda interpretármelos. Hasta este punto no veo ningún motivo de jactancia. Cuando al fin encuentro un intérprete, aun debo poner en práctica las doctrinas: tal sería es el único motivo de jactancia. Pero si admiro solamente el hecho de interpretar los escritos, ¿en qué otra cosa me he convertido sino en un gramático en vez de en un filósofo? Solo que estoy interpretando a Crisipo

---

26 Crisipo de Solos (c. 282-206 a. C.) fue, tras Zenón y Cleantes, el tercer escolarca de los estoicos. Considerado el refundador de la escuela, se ocupó de sistematizar el pensamiento estoico y escribió una enorme obra, que ha naufragado, salvo algunos fragmentos, en la antigüedad.

en vez de a Homero. Más bien entonces, cuando alguien me diga «explícame a Crisipo», me ruborizaré al no poder mostrar un comportamiento adecuado que coincida con sus razonamientos.

50. En cuantas acciones vayas a emprender has de atenerte a lo prescrito como si fuera una ley cuya transgresión sería para ti una impiedad. Pero en cuanto a lo que cualquiera pueda decir de ti, no prestes ninguna atención, pues eso ya no es asunto tuyo.

51. ¿Cuánto tiempo aún te vas a demorar sin considerarte digno de lo mejor y sin dejar de ignorar el discernimiento que te proporciona la razón? Has recibido las doctrinas filosóficas por las que conviene comportarse y te has comportado de forma coherente con ellas. ¿Qué tipo de maestro esperas para encargarle una corrección personal que te toca a ti? No eres ya un niño, sino un hombre hecho y derecho. Si ahora te despreocupas y te muestras indolente y siempre postergas para otro día y otro tus propósitos de ponerte a cumplir todo esto por ti mismo, te pasará inadvertido que no vas a hacer ningún avance, sino que seguirás pasando la vida como un hombre corriente hasta el día en que mueras. Conque desde ya mismo considérate digno de vivir por ti mismo como un hombre completo que avanza en la filosofía y que todo lo que te parece mejor sea una ley inviolable para ti. Y cuando te encuentras ante el dolor, el placer, la buena o la mala fama, recuerda que este es el momento del combate, que ya están aquí las Olimpíadas, que ya no es posible posponerlo más, y que en un solo día o en una sola acción estás

poniendo en riesgo o salvando tu avance. Así se perfeccionó Sócrates, porque no puso su atención en ninguna otra cosa, de entre todo lo que se presentó ante él, que no fuera la razón. Y en tu caso, aunque no seas Sócrates, precisamente por eso debes pasar la vida como alguien que desea ser Sócrates.

52. En primer lugar, el área más necesaria de la filosofía es el uso práctico de sus doctrinas como, por ejemplo, el no mentir. En segundo lugar, la que se ocupa de las demostraciones como, por ejemplo, de dónde se desprende que no se debe mentir. En tercer lugar, la que se ocupa de la confirmación y articulación de las dos primeras áreas, es decir, de dónde se desprende que esto es una demostración, en qué consiste la demostración, cuál es su consecuencia lógica, qué es una contradicción, y qué es lo verdadero y qué lo falso.[27] Así que esta tercera área es necesaria a causa de la segunda y la segunda a causa de la primera. Pero la más necesaria y sobre la que debemos reflexionar ante todo es la primera. Y, sin embargo, normalmente hacemos lo contrario: pues gastamos nuestro tiempo en la tercera y centramos en ella todo nuestro esfuerzo, mientras que desatendemos la primera totalmente. Así es que mentimos pese a tener a mano la demostración de que no se debe mentir.

---

27 Esta división de la filosofía no se corresponde con la que apunta Epicteto en *Disertaciones* lll 2, 1 o III 12, 13-14, lo que ha llevado a debatir la autenticidad del pasaje.

53. En todo momento hay que tener a mano estas ideas:

Condúceme, Zeus, y también tú, oh Providencia, hacia allí
donde me tenéis prescrito marchar,
que yo os seguiré sin dilación; aunque yo no lo quiera,
habiendo llegado a ser un malvado, sin embargo, no menos
os he de seguir.[28]

Aquel que por necesidad se ha comportado noblemente,
será sabio entre nosotros y conocedor de las divinas doctrinas.[29]

Pero, oh Critón, si con esto me convierto en amigo de los
dioses, que así sea.[30]
A mí Ánito y Meleto pueden matarme, pero no dañarme.[31]

---

[28] Estos versos son de Cleantes de Aso (c. 330-232 a. C.), sucesor
de Zenón y segunda gran cabeza del estoicismo, de cuya obra solo
sobreviven unos pocos versos de este *Himno a Zeus*.

[29] Fragmento de una tragedia perdida de Eurípides (frag. 965 Nauck).

[30] Cita algo parafraseada de Platón, *Critón*, 43d.

[31] Igualmente, de *Apología de Sócrates*, 30c-d.

SELECCIÓN DE LAS
DISERTACIONES

1. El hombre que está adquiriendo una educación filosófica debe acercarse a ella teniendo esto en mente: «¿Cómo podría seguir yo en todo aspecto a los dioses, cómo podría estar complacido con el gobierno divino de las cosas y así ser libre?». Pues eres libre, en cuanto que todas las cosas ocurren según tu elección y nadie puede obstaculizarte. «¿Y qué? ¿Es que la libertad es insensatez?». Para nada, pues la locura y la libertad no confluyen en lo mismo. «Es que yo deseo que todo lo que me parece bien se cumpla, de cualquier forma que lo desee». Entonces estás loco, fuera de tus cabales. No sabes que la libertad es algo hermoso y digno de elogio. El desear que me toquen en suerte las cosas que deseo que me toquen no solo pone en riesgo la virtud, sino que es lo más vergonzoso de todo. ¿Cómo hacemos en el caso de las letras? ¿Deseo escribir el nombre de Dion como yo quiera? No, sino que me enseñan a querer hacerlo de la manera en la que conviene escribirlo. ¿Y qué pasa con la música? Pues lo mismo. Y así, en general, cuando se trata de alguna habilidad o disciplina. Y si no fuera así no sería digno de esfuerzo aprender

nada, si cada cosa se adapta a nuestros deseos. Por consiguiente, pues, ¿solamente en el más grande y principal de
los asuntos, la libertad, no me es dado desear lo que me
toque? En absoluto, sino que la educación es, precisamente, aprender a desear que cada cosa suceda como en verdad sucede. ¿Y cómo se produce esto? Como lo dispuso
aquel que dispone las cosas. Pues, en efecto, este dispuso que
hubiera verano e invierno, abundancia y escasez, virtud y
maldad y todas las oposiciones tales, según la concordan-
cia de todos nosotros, y nos ha dado a cada cual cuerpo y
partes del cuerpo, propiedad y comunidad. Así pues, acor-
dándote de esta disposición, conviene emprender la educación, no a fin de cambiar sus condiciones —pues no nos
dado hacerlo ni sería para mejor—, sino a fin aceptar las
cosas que nos tocan tal y como son y en armonía con la
naturaleza, de modo que tengamos la mente ajustada con
aquello que ocurre. ¿Y qué? ¿Se puede escapar de los seres
humanos? ¿Cómo pues? ¿Es posible cambiarlos frecuen-
tando su compañía? ¿Y quién nos lo concede? ¿Qué falta o quién encuentra una manera para hacer uso cabal de
ellos? Pues alguien por cuya mediación aquellos hagan lo
que les parezca y nosotros nada más que seguir a la naturaleza. Y tú, con todo, desdichado e insatisfecho, si estás
solo, llamas a esto «soledad»; y si estás con otras personas, los llamas «conspiradores y ladrones» y reprochas
a tus propios padres, a tus hijos, a tus hermanos y a tus
vecinos. Pero sería conveniente que cuando estés solo lo
llames «tranquilidad y libertad», y que te consideres a ti
mismo semejante a los dioses; y si estás con mucha gente, no lo llames más ni «confusión», ni «disgusto», sino
«fiesta» y «celebración»; así aceptarás todo con un buen

contentamiento. ¿Cuál es, pues, el castigo para los que no aceptan esas cosas? Ser tal y como son. ¿Y si alguien está a disgusto cuando está solo? Pues que se quede en soledad. ¿Y si está a disgusto con los padres? Pues que sea un mal hijo y sufra por ello. ¿Y si está a disgusto con sus hijos? Pues que sea un mal padre. «Échalo a la prisión». ¿Qué prisión? Pues aquella en la que ya se encuentra. Pues se está mal de su grado allí donde uno está mal de su grado, y eso es una prisión para él. Precisamente por eso no se puede decir que Sócrates estuviera en una prisión, porque estaba allí de buen grado. (*Disertaciones*, 1.12.8-23)

2.   ¿Cuál es el fruto de estas doctrinas? Lo que ha de ser lo más bello y apropiado para estar recibiendo una auténtica formación filosófica: nada de turbación, nada de miedos; libertad. En la mayoría, sobre esos asuntos, no deberíamos confiar, en quienes dicen que solo es posible para los libres tener una educación, sino en los filósofos, más bien, que piensan que solo los que tienen una educación son libres. ¿Y cómo es esto? Pues, ¿qué otra cosa es la libertad que la capacidad de vivir como queremos? Ninguna otra. Pues, entonces decidme, amigos, ¿queréis vivir equivocándoos? «No queremos». Pues nadie que se equivoca es libre. ¿Queréis vivir entonces atemorizados? ¿Queréis vivir entristecidos? ¿Queréis vivir turbados? En absoluto, pues nadie atemorizado, entristecido o turbado es libre, sino quienes con ese mismo método se han liberado también de la esclavitud. (*Disertaciones* 2.1.21-24)

3.   —¿Te parece que la libertad es algo grande, noble y digno de valor?

—¿Cómo no?

—¿Pues es por caso posible para quien se encuentra algo así de grande, digno de valor y noble ser humilde?

—No.

—Cuando observas a alguno sometiendo a otro o adulándole contra su opinión de él, di con confianza que este no es una persona libre. Y no solo si lo hiciera para conseguir una insignificante invitación a un banquete, sino también si lo hace a causa del gobierno de una provincia o de un consulado. Más bien llama a aquellos pequeños esclavos, porque hacen estas cosas para conseguir pequeñas cosas, y a los otros, como se lo tienen merecido, grandes esclavos.

—Te lo concedo.

—¿Te parece que la libertad reside en la capacidad de cada cual y en su propia determinación?

—¿Cómo si no?

—Y sobre aquel al que se le ponen obstáculos y se le obliga por parte de otro, sobre ese di con confianza que no es libre y no mires a sus abuelos y bisabuelos, ni investiga si fue comprado o vendido. Pero si lo escuchas decir desde dentro y con sentimiento «Señor», y dar doce bastonazos, llámale esclavo, aunque le oigas decir: «Ay de mí, qué cosas sufro». Llámale esclavo. Si simplemente le ves llorar, reprochando a otro, o disgustado, llámale esclavo aunque esté envuelto en la púrpura. Pero si nada de esas cosas hace aún no le llames libre, sino entérate antes de qué doctrinas es seguidor, no sea que estén sujetas a necesidad, obligación o disgusto. Y si lo hallaras de tal suerte, llámalo esclavo, aunque sea un esclavo liberado por las Saturnales. Y di que su señor está fuera de viaje. Pero este amo regresará pronto y ya tendrás noticia de lo que sufre.

—¿Quién regresará?

—Cualquiera que tenga autoridad sobre alguna de las cosas que él desea para otorgársela o quitársela.

—¿Así que tenemos tantos amos?

—Así es, pues antes que la gente tenemos circunstancias como amos. Y aquellas son numerosas. Por esto es necesidad que cualquiera que tenga potestad sobre estas cosas sea nuestro amo. Pues nadie teme al César por sí mismo, sino a la muerte, el destierro, la confiscación de bienes, la cárcel, la privación de derechos que este puede ordenar. Y tampoco nadie ama al César, a no ser que sea digno de mucha estima, sino que amamos la riqueza, los cargos públicos, los militares o el consulado. Cuando amamos estas cosas, las odiamos o las tememos, es necesidad que los que tienen potestad sobre ellas sean amos nuestros. (*Disertaciones* 4.1.54-60)

4. —¿Es admisible que esté libre de impedimentos aquel que siente atracción por los bienes ajenos?

—No lo es.

—¿Es admisible que esté libre de obstáculos?

—No.

—Pues no es libre.

—Mira si no: ¿acaso poseemos algo que pertenezca a los que dependen de nosotros o es de lo que dependen de los otros?

—¿Cómo dices?

—Cuando deseas que tu cuerpo esté totalmente incólume, ¿depende de ti o no?

—No depende de mí.

—¿Y cuando deseas sabiduría?

—Tampoco esto.

—¿Y belleza?

—Ni esto.

—¿Y el vivir o el morir?

—Tampoco.

—Pues entonces tu cuerpo es algo ajeno, sometido a todo lo que es más poderoso que él.

—Te lo concedo.

—¿Y al poseer tierras, cuando deseas y en la cantidad que deseas y de la calidad que deseas?

—No.

—¿Y esclavos?

—No.

—Vestidos.

—No.

—Moradas.

—No.

—¿Caballos?

—Ninguna de estas cosas.

—¿Y si deseas que tus hijos o tu mujer o tu hermano o tus amigos permanezcan con vida antes que ninguna otra cosa? ¿Esto depende de ti?

—Tampoco.

—Pues, ¿acaso no posees nada que tenga potestad sobre sí mismo, que solo dependa de ti, o sí que posees algo semejante?

—No lo sé.

—Pues míralo si no de esta manera y considera esto. ¿Es que alguien puede obligarte a asentir cuando algo es mentira?

—Nadie.

—Luego en el campo del asentimiento estás libre de obstáculos e impedimentos externos.

—Te lo concedo.

—Ea, ¿y te puede obligar alguien a desear aquello que no deseas?

—Puede. Pues cuando me amenaza con la muerte o con la prisión es necesidad desearlo.

—Pero si desprecias el morir o el ser encarcelado, ¿vas a hacerle caso aún?

—No.

—Luego, ¿es tu tarea el despreciar la muerte o no?

—Es mía.

—¿Y también despreciar el deseo o no?

—También te concedo que es mi tarea.

—¿Y la aversión de algo?

—También.

—¿Y qué?

—¿Y si ante mi deseo de pasear, alguien me lo impide?

—Quien te lo impide, ¿no es por cierto tu asentimiento?

—No, sino el cuerpo.

—Sí, como una piedra.

—Te lo concedo, pero ya no puedo pasear.

—¿Y quién te ha dicho que «el paseo sin impedimento es su tarea»? Yo solo te decía que el deseo es lo único libre de impedimento. Y donde quiera que hay una necesidad del cuerpo y de la colaboración con este, ya hace tiempo que has oído que esto no tiene nada que ver contigo.

—Te lo concedo también.

—¿Es que alguien puede obligarte a desear lo que no deseas?

—Nadie.

—¿Y alguien puede añadir, influir o simplemente manipular las impresiones mentales que se suceden en ti?

—Tampoco esto. Pero es que cuando siento deseo de algo, alguien puede impedir aquello que deseo.

—Pero ¿cómo te pondrá impedimento? ¿Si deseas algo de lo que depende de ti y no es susceptible de ser impedido?

—De ningún modo.

—¿Y quién te dice que puedes quedar libre de impedimentos si deseas lo que depende de los demás?

—¿Es que no he de desear la salud?

—En absoluto, ni ninguna otra cosa que dependa de otros. Pues lo que no está en tu mano conseguir o mantener cuando lo deseas, eso es algo ajeno a ti. Mantén lejos de esto no solo tus manos, sino mucho antes tu deseo. Y si no, te habrás entregado a ti mismo a la esclavitud y habrás sometido tu cuello al yugo, si sigues admirando aquello que no depende de ti y anhelas lo que depende de otros y es perecedero.

—¿Es que esta no es mi mano?

—Es parte de ti y, por naturaleza, barro, sujeta a impedimento y necesidad ante cualquier cosa más fuerte. ¿Y por qué te hablo de la mano? Todo tu cuerpo deberías tratarlo de este modo, como un asno demasiado cargado. En lo que depende de ti y en lo que te sea dado. Y si fueras obligado a servir o te capturase un soldado, déjalo estar, no resistas ni te quejes. Y si no, al darte de golpes, no obtendrá nada, sino perder al pequeño asno. Cuando tengas que comportarte así hacia tu cuerpo, considera lo que resta hacer hacia las demás cosas, de cuántas te cargaste por causa del cuerpo. Si el cuerpo resulta ser un pequeño asno, todo lo demás serán riendas, sillas de montar, herraduras, paja y heno para el asno. Deja de lado estas cosas también. Libérate más rápido y más fácilmente que el propio asno. (*Disertaciones* 4.1.64-80)

5. Hombre, tienes una capacidad de elección que es por naturaleza libre de obstáculos y necesidad (...) te mostraré esto primero en cuanto al tópico del asentimiento.

—¿Acaso alguien puede obstaculizarte a la hora de asentir ante una verdad?

—Nadie.

—¿Y alguien puede obligarte a aceptar una mentira?

—Nadie.

—¿Lo ves? Pues que en este tópico tienes la facultad de elegir libre de obstáculos, de necesidad y de impedimento. Ea, ¿en cuanto al deseo y al impulso es diferente? ¿Quién puede vencer un impulso, sino otro impulso? ¿Quién un deseo o una aversión, sino otro deseo o aversión? Pero dices: «Si alguien me amenaza con miedo a la muerte, me puede obligar a hacer algo». No es la amenaza, sino el hecho de que te parece que es mejor hacer algo de esto antes que morir. Pues de nuevo es tu opinión, la que te obliga, es decir, la elección a la elección. (*Disertaciones* 1.17.21-28)

DOCTRINA DE EPICTETO PUESTA EN ESPAÑOL, CON CONSONANTES

Traducción de Francisco de Quevedo

INTRODUCCIÓN

Entre 1635 y 1636 Francisco de Quevedo publicaba en Madrid y Barcelona su versión de la «Doctrina de Epicteto», junto con el *Origen de los estoicos y su defensa contra Plutarco* y una *Defensa de Epicuro* («*contra la común opinión*»), además de una versión también versificada de las sentencias atribuidas a Focílides. Estas traducciones, con el tratado de doctrina estoica, se imprimieron tres veces en 1635 y una en 1636, como buena prueba del conocimiento del griego del gran escritor madrileño, y de su interés, en la línea del humanismo de Justo Lipsio, por un nuevo estoicismo cristiano que defendía la compatibilidad de Epicteto con la doctrina de la Iglesia.

Quevedo fue gran conocedor de los textos clásicos desde su juventud, a partir de su formación universitaria, en las lecturas de florilegios y sentencias de uso escolar. Como ha estudiado Lía Schwartz, el poeta madrileño debe mucho también de su pasión por el humanismo clásico a su temporada en Italia, como ministro del virrey de Sicilia y de Nápoles. Entre otros autores, Quevedo tradujo del griego los versos de las Anacreónticas y la biografía de Bruto que escribió Plutarco, pero son más conocidas su versificación de las *Sentencias* del Pseudo-Focílides —recientemente reeditadas por Miguel Herrero de Jáuregui— y esta del *Manual* Epicteto que se presenta con las presentes líneas. En su último decenio de vida, mientras su mundo estaba colapsando, Quevedo se dedicaría al estoicismo con especial pasión. Ya como señor de la Torre de Juan Abad, entre sus exilios en el Campo de Montiel y sus prisiones en el convento de San Marcos en León o en Loeches, el poeta lee y escribe sobre filosofía estoica y reflexiona sobre la vanidad de la fama, sobre lo acuciante de la enfermedad, sobre la muerte y la vejez. En su obra *Nombre, origen, intento, recomendación y descendencia de la doctrina estoica. Defiéndese Epicuro de las calumnias vulgares (1633-1634)* se refiere a su relación con la escuela del antiguo estoicismo, de la que, como cristiano, no se ve miembro, pero sí simpatizante, para confesar que recurre a sus enseñanzas en momentos de turbación, diciendo: «Yo no tengo suficiencia de estoico, mas tengo afición a los estoicos. Hame asistido su doctrina por guía en las dudas, por consuelo en los trabajos, por defensa en las persecuciones, que tanta parte han poseído de mi vida. Yo he tenido su doctrina por estudio continuo; no sé si ella ha tenido en mí buen estudiante». En esa misma época, Quevedo traduce al castellano el *De remediis fortuitorum* atribuido a Séneca con el título *De los remedios de cualquier fortuna*, con comentarios personales a cada pasaje.

La presente traducción de Epicteto por Quevedo, realizada en silvas castellanas,[1] viene introducida por un

---

[1] La métrica de la silva castellana se compone de estrofas que alternan endecasílabos y heptasílabos, de rima consonante o libre (Quevedo titula simplemente *Doctrina de Epicteto puesta en español, con consonantes*).

interesantísimo texto de presentación de su puño y letra que no tiene desperdicio. En él, en primer lugar, Quevedo escribe una dedicatoria al poderoso patrón del poeta madrileño, Juan de Herrera, como era convención en la época. Juan de Herrera era Caballero del Hábito De Santiago y Caballerizo del Conde Duque, un militar de pro, y le envía la obra argumentando el gran número de ilustres personajes que han seguido las lecciones de Epicteto, que enseñan «al alma a ser señora, rescatándola de la esclavitud del cuerpo, y al cuerpo le anima a pretensiones de alma con la obediencia a la razón. Enseña cuánto más rico está el sabio con el desprecio de los bienes de la fortuna que con la posesión de ellos; no promete premios de la virtud, sino virtud, que ella misma es premio. Afirma que solo el sabio es rico y libre; que no es capaz de injuria, ni puede ser vencido».

Seguidamente, resume Quevedo las bondades de una doctrina que merece divulgarse entre todos, empezando por su noble patrono, pues, además, se armoniza bien, según cree, con la doctrina cristiana. Especialmente se fija en la virtud militar que caracteriza a Juan de Herrera y le anima, con el coraje de la milicia, a vivir «no solo como quien algún día ha de morir, sino como quien cada instante muere, y cada día puede morirse. Vivamos no con ansia de vivir mucho, sino bien». De nuevo, se rescata aquí el lema del «bien vivir» (*eu zen*), característico de la filosofía helenística.

Contiene también la introducción de Quevedo un curioso epígrafe traductológico y filológico que explica las razones que le han movido a traducir en verso a Epicteto y la manera en que ha procedido. Quevedo se preocupaba por traducir correctamente la lengua griega y un ejemplo de ello es su *Anacreón castellano* de 1609. Se fija en diversos textos eruditos de humanistas en latín, como los de Henri Estienne, pero también en versiones francesas o italianas. Resulta especialmente interesante constatar la manera de trabajar de Quevedo, que él mismo explica en su introducción. Todo apunta a que Epicteto será una de sus obras de cabecera en estos años de crisis personal y de zozobras y le dedicará una gran atención crítica que fructifica en esta traducción. En la sección «Razón de esta traducción» da una buena muestra del helenismo cultivado del poeta español, que elabora su versión métrica sobre la base del texto griego original, la traducción latina, la francesa —la edición bilingüe de Pierre de Boufflers de 1632, lo que muestra que estaba muy al día en su versión de 1635 del *Manual*— y con los precedentes del Brocense y Correas, ambos catedráticos de griego en la Universidad de Salamanca. Quevedo maneja también el comentario de Simplicio al *Manual* y repasa críticamente las traducciones anteriores, comenzando por decir: «en qué manera he usado de la inteligencia de todas estas versiones, conocerá quien atendiere a la disposición de la mía». Incluso se introduce en cuestiones textuales y de orden de los párrafos. Se ve a las claras que Quevedo ha trabajado el texto muy a fondo: entre cada capítulo de su traducción en verso incluye breves epígrafes en prosa, a modo de encabezamiento, para resumir las ideas principales que exponen en los versos siguientes.

Hay también en la introducción una curiosa justificación, o prevención, sobre la pluralidad de los dioses, que añadió para evitar problemas con los eclesiásticos más intransigentes o con la Inquisición. Por lo demás, en su traducción se ve claro el intento de armonizar la ética estoica de Epicteto con el contexto cristiano. Al fin, incluye una breve semblanza biográfica del filósofo bajo el epígrafe «Vida de Epicteto, filósofo estoico», que repasa someramente los principales datos que hemos esbozado en la introducción general. Destaca en ella la oscuridad del origen del filósofo de Hierápolis y la fama del filósofo sin nombre, del que no conocemos el patronímico sino solo su condición de esclavo «comprado» (*epiktetos*): «Tuvo más dicha con la noticia su patria que sus padres, pues nadie los nombra: reconozco esta ignorancia por grande providencia del olvido, para que la memoria se acordase que sin otra descendencia fue nuestro filósofo todo de la filosofía, y de sí progenie de su virtud». En otro pasaje de gran interés, contrapone sus defectos físicos con su excelencia moral y cifra su doctrina condensada en dos famosas palabras que se le atribuían: «Sufre, abstente». Además de dedicarle el soneto que encabeza esta edición nuestra, se entretiene en debatir la autenticidad de unas supuestas cartas de Epicteto, a todas luces apócrifas, antes de concluir la introducción y dar paso directamente a su traducción en verso, con estas hermosas palabras: «Esta, que yo he escrito, es la vida que vivió Epicteto. Este libro, que él escribió, es la vida que Epicteto vive y vivirá».

Sirven estas líneas, en suma, como presentación de esta excelente y muy fiel versión en verso de Epicteto a cargo de Quevedo. Confío en que el lector reparará, al compararla con la versión en prosa, en la limpidez y la justeza de la labor de Quevedo como traductor, a la par que en su pericia literaria y en la excelencia de su poesía. Como se afirmaba en la introducción general, la razón principal de incluir la traducción de Quevedo es que se lee muy bien hoy día, como complemento a una traducción en prosa, y que, desde luego, nos viene estupendamente para recordar una y otra vez, de forma rítmica y métrica, la inolvidable e indispensable doctrina de Epicteto.

DAVID HERNÁNDEZ DE LA FUENTE

CAPÍTULO I

Divídense todas las cosas en ajenas y propias, declárase
su naturaleza y a quién pertenece el uso de ellas.

Las cosas, exterior e interiormente,
Se dividen en propias y en ajenas.
Lo que está en nuestra mano independiente
Son la opinión y el juicio de las cosas,
Seguir y procurar las provechosas,
Huir y aborrecer las ofensivas,
Y, porque en un precepto lo percibas,
Cuantas acciones vemos
Que llamar nuestras con verdad podemos.

No están en nuestra mano
El cuerpo, la hacienda, ni el profano
Honor, las dignidades y los puestos
(Igualmente envidiados y molestos),
Y, al fin, todas las cosas
Que apetecer se pueden,
Si de nosotros mismos no proceden.

Debemos, pues, en estas diferencias
Advertir que podemos
Llamar á aquellas cosas que tenemos

En nuestra propia mano y albedrío
Libres de todo ajeno poderío,
Pues no puede impedirlas y estorbarlas,
Si queremos obrarlas.

Por el contrario, las que en mano ajena
Están, son imperfetas,
Flacas, defectuosas y sujetas
A esclavitud, estorbos y embarazos,
Y, verdaderamente, por las muestras,
Ajenas son, y no son propias nuestras.

CAPÍTULO II

*De los diferentes efectos que resultan del recto
o contrario uso de las cosas.*

Según esto, conviene
Tener memoria atenta y desvelada
De no trocar en nada
El uso de estas cosas y estos bienes;
Porque si las que son esclavas tienes
Por libres, y por propias las ajenas,
Hallaráste impedido en varias penas:
Artífice serás de tu cuidado,
Y vivirás lloroso y congojado,
Y a tan impío dolor llegarás ciego,
Que, por tus propias culpas, insolente,
Te quejarás de Dios y de la gente.

Empero si tuvieres
Por tuyo lo que solo está en tu mano,
Y lo ajeno tuvieres por ajeno.
Todo te será fácil, todo bueno:
Ninguno en lo que hicieres
Podrá forzarte, ni podrá tirano
Prohibir tus acciones;
A nadie acusarán tus maldiciones;
No culparás a nadie, ni forzada
Tu libre voluntad obrará nada
Sujeta a servidumbre;
Ninguno podrá darte pesadumbre;
No tendrás enemigos, ni ofenderte
Podrá el trabajo, ni la adversa suerte.

CAPÍTULO III

*Del afecto con que se deben apetecer las cosas, cuáles
se han de diferir, cuáles se han de dejar, y los daños
que resultan de elegir las unas por las otras.*

Todas las veces que a cualquiera cosa
Te inclines y aficiones,
Porque no se malogren tus acciones,
Debes llegarte a ellas,
No con tibieza o ánimo dudoso,
Sino con un intento generoso,
Libre y determinado,
O ya de despreciarlas reportado,
O ya de diferirlas
Si ni puedes ni debes conseguirlas.

Porque si tú deseas dignidades,
Riquezas, posesiones y heredades,
Podrá ser que no alcances lo que quieres;
Y esto, porque prefieres
A la razón la inclinación que tienes,
Y porque llamas bienes
Estos que no lo son, y son ajenos,
Y puedes, por lo menos,
Estar cierto que pierdes y malogras,
Por estos devaneos,
Que son el frenesí de los deseos.
El bien por donde el hombre solo alcanza
Fácil la humana bienaventuranza.

CAPÍTULO IV

Que se ha de tener sospecha de las fantasías o imaginaciones que se nos representan. Por cuál regla se ha de examinar su verdad; qué se ha de responder a su engaño.

Si turbulenta alguna fantasía,
O ya sea de temor ó de alegría,
De provecho ó de daño,
Solicita tu engaño,
Con advertencia ejercitada y pronta,
Dirás tú: «En lo aparente que me ofreces
Eres fantasma, y no lo que pareces».
Y luego, por las reglas que ya tienes
De verdaderos y de falsos bienes
Debes examinarla;

Pero principalmente has de ajustaría,
Viendo si es de las cosas
Que están en nuestra mano, o en la ajena;
Y si fuere de aquellas
Que en poder de otro nos parecen bellas,
La verdad te las juzga de repente
Por congojosa carga de tu mente;
Y así, debes tenerla prevenida
Tal respuesta, con brío:
«Nada me toca de lo que no es mío».

CAPÍTULO V

Quien desea cosas que no están en su poder el alcanzarlas,
y quien huye de las que no puede huir, son necios y
desdichados. No se ha de huir lo que de nosotros no
depende; hase de desear lo que está en nuestro poder;
mas esto con templanza y sin afectación cuidadosa.

Acuérdate que siempre la promesa
Que te hace el deseo en que te empleas
Es de que alcanzarás lo que deseas,
Y que el advertimiento de la fuga
Es para deslumbrarte tu sosiego,
Que no caerás en lo que temes ciego.
Por esto es desdichado quien no alcanza
El deseo en que puso la esperanza,
Y aquel que en lo que teme cae burlado
Es vergonzosamente desdichado.

Podrás asegurarte solamente
De estas dos desventuras

A que te precipitan tus locuras,
Si huyes de las cosas
Que siempre son dudosas
Por no estar en tu mano,
Y si a su posesor las restituyes
Nunca podrás caer en lo que huyes.

Mas si a naturaleza
Inobediente huyes la pobreza,
La enfermedad y muerte, de ignorante
Caerás en lo que huyes cada instante.
Según esto, no huyas
De lo que está en ajeno poderío,
Y huye solo con prudente brío
De aquellas cosas que en tu mano tienes,
Y pueden estorbar tus propios bienes.

Tampoco des licencia al apetito
Que codicie las cosas vehemente
Luego que se te ofrecen de repente;
Porque si a codiciarlas te provocan
Cosas ajenas y que no te tocan.
Por tocar al arbitrio de fortuna,
Desdichado serás, sin duda alguna.

Y aun en las cosas nuestras propiamente
Puede ser el deseo vehemente
Dañoso, por no sernos manifiesto
Cuan lícito nos es, y cuan honesto:
Y así el apetecerlas y el huirlas
Ha de ser con modesta confianza,
Y con disminución y con templanza.

CAPÍTULO VI

Que se ha de cautelar el entendimiento con la consideración prevenida de la naturaleza de las cosas que amamos, para no ser perturbados con su pérdida, y que ha de empezar de las menores y más viles.

Mira en cualquiera cosa
Que te sirve, o te fuere deleitosa.
De qué calidad sea,
Cuanto más te aficiona y te recrea;
Y porque en esta ciencia te mejores,
Empezarás por las que son menores.

Si un vidrio en precio tienes,
Cuya pureza te sirvió de hechizo,
Acuérdate que es vidrio quebradizo;
Y si tienes un barro bien formado,
Nunca estés olvidado
De que puede romperse de algún modo;
Que fué, para ser barro, polvo y lodo.

Si a tu mujer amares,
Si amares en tu hijo
La semejanza, el ser, el regocijo.
Acuérdese tu amor en tus placeres
Que son mortales hijos y mujeres;
Y así, cuando murieren a tu lado,
Solo podrás quedar, mas no turbado.

CAPÍTULO VII

*Que el considerar las circunstancias que tienen
las acciones que queremos emprender, nos asegura
de perturbaciones congojosas e impertinentes
cuando nos acontezcan.*

En cualquiera negocio que emprendieres
Considera cuál sea,
Y de qué inconvenientes se rodea.
Si vas al baño trae en la memoria,
Para tu desengaño.
Lo que sucede a los que van al baño:
Unos que impelen, otros que te mojan,
Otros dan vayas, otros te despojan,
Hurtando los vestidos;
Mas tú, bien prevenidos
Todos estos estorbos,
Seguro irás si, cuando al baño fueres,
A tu firme propósito dijeres:
«Lavaréme, que es hoy lo que pretendo;
Y si me sucediere lo que suele.
Haberlo prevenido me consuele».
Harás lo propio en cosas superiores.
Adonde los estorbos son mayores.

Porque si en el bañarte
Algún impedimento te sucede,
Pues fácilmente sucederte puede,
Debes decir: «No solo
Vine a lavarme y a volver enjuto,
Sino por ejercer el instituto
Que a la naturaleza se conforma,

Teniendo por designio y por intento
Que me guarde mi paz mi sufrimiento».
Porque si semejantes travesuras
Te inquietan, vives ciego
Y no puedes gozar paz y sosiego.

CAPÍTULO VIII

Que de nuestros espantos y turbaciones no tienen culpa las cosas, sino las opiniones que de ellas tenemos. Da las quejas por señal de ignorancia, o de principiante.

No son las cosas mismas
Las que al hombre alborotan y le espantan,
Sino las opiniones engañosas
Que tiene el hombre de las mismas cosas:
Como se ve en la muerte,
Que, si con luz de la verdad se advierte,
No es molesta por sí; que, si lo fuera,
A Sócrates molesta pareciera.
Son en la muerte duras,
Cuando necios tememos padecella,
Las opiniones que tenemos de ella;
Y siendo esto en la muerte verdad clara,
Que es la más formidable y espantosa,
Lo propio has de juzgar de cualquier cosa.

Por esto, cuantas veces
Tu seso le turbaren ilusiones,
Culparás a tus propias opiniones,
Y no á las cosas mismas,

Ya propias, o ya ajenas,
Pues ellas en su ser todas son buenas.

Por esto debes advertir en todo
Que quien, por su maldad o su desprecio,
Al otro culpa, es necio;
Que quien se culpa a sí, y a nadie culpa,
Ya que no es ignorante,
Es solamente honesto principiante;
Mas el varón que a sí ni al otro acusa
En cualquiera trabajo ó accidente,
Es el sabio y el bueno juntamente.

CAPÍTULO IX

Por cuáles cosas no es permitida la presunción,
y por cuáles nos es culpable.

Nunca presumas por ajenos bienes
Ni por ajena fuerza y hermosura,
Porque esta presunción peca en locura.
Si un caballo perfecto y generoso
Dijese «Soy hermoso».
Puédese tolerar; mas cuando dices
Alabándote a ti, «Tengo un caballo
Hermoso», has de acordarte,
Si no quieres culparte,
Que usurpa la soberbia tu flaqueza
Al caballo que tiene la belleza.

Según esto, preciarte solo puedes
De la imaginación y fantasía

Que tu buen uso a las virtudes guía;
Porque las elecciones,
La fuga, los deseos y opiniones,
Son cosas tuyas propias solamente:
Y así, cuando, obediente,
Usares bien de todas.
Ten presunción, pues es de cosas tuyas,
Sin que al ajeno bien la restituyas.

CAPÍTULO X

*Todas las cosas del mundo hemos de dejar alegres,
como peso y carga para correr presto y desembarazados
cuando Dios nos llamare.*

Si cuando navegares
Del mar el revoltoso desconcierto,
La nave en que navegas toma puerto,
Y, como suele acontecer, salieres
A buscar agua fresca y descansada
Del importuno olor y agua salada,
O algún mantenimiento,
Podrás, por tu recreo y tu contento,
De paso, en las orillas
Coger los caracoles, las conchillas
Que, cuando el mar se altera,
Suele arrojar, con el marisco, fuera.

Pero siempre conviene
Atender a la nave desvelado,
Porque si a recoger llama el piloto,
Puedas, sin embarazo y obediente,

Acudir a tu puesto diligente;
Y si te fueren peso ó embarazo
Para llegar al plazo
Las conchas y las hierbas que cogiste,
Arrójalas y parte.
Pues navegas, y vuelves a embarcarte;

Que si no te apresuras y las dejas,
Quedaráste cual suelen las ovejas
Quedarse entre las zarzas enredadas,
Y de su propia lana aprisionadas.
Pues considera con discurso grave
Que es lo propio la vida que la nave,
Y que en no menos proceloso abismo
Son el vivir y navegar lo mismo;
Que la muerte es piloto de tu vida,
Y que ha de ser forzosa la partida.

Por esto, si, en lugar de caracoles,
Hallas los hijos, la mujer, la hacienda,
Como cosa prestada, es bien que atienda
Tu alma a su cuidado,
Pues da la vida cuanto da prestado.

Y luego que el piloto del navío
Oigas que toca a leva,
Con obediente brío
Y sin volver atrás, dejarás todas
Las cosas de la vida y la marina,
Y corriendo a tu nave te encamina.

Y si los blancos y postreros años
Por las canas te cuentan desengaños,

Y tu edad autoriza tus consejos,
Nunca te apartes de la nave lejos;
Que será cosa fea
Que, tocando a partirse tu piloto,
Tardes, por impedido o por remoto;
Pues, siendo viejo, es necedad muy ciega,
Por solo divertirte,
Cuando te vas, el rehusar partirte.

CAPÍTULO XI

Para tener sosiego no hemos de querer que las cosas
se acomoden a nuestros deseos; antes debemos acordar
nuestros deseos a las cosas.

Nunca pretendas que suceda todo
A tu gusto y tu modo;
Antes conformarás, si se ofrecieren.
Tu gusto a cuantas cosas sucedieren;
Y esta advertencia bien ejecutada
Hará que vivas vida sosegada.
Es la dolencia al cuerpo impedimento;
Mas no lo puede ser al buen intento,
Si el intento lo quiere.

La lesión de la pierna es embarazo
A la pierna, y al brazo, si es del brazo;
Mas no del buen propósito que tiene
El que está manco y el que está tullido;
Y estarás advertido,

Para que no te aflijas ni te espantes,
Que así sucede en cosas semejantes;
De donde se colige
Que algunas cosas son estorbo de otras,
Y que dolencias y lesiones tales
Te podrán estorbar el movimiento;
Mas no tu buen propósito é intento.

CAPÍTULO XII

*El hombre en los insultos de los afectos ha de acudir
a armarse de las virtudes contra los vicios.*

En cuantas cosas puedan sucederte
Debes siempre volverte,
Advertido, a ti mismo, y preguntarte,
Para estar de tu parte,
Las defensas que tienes en ti propio
Que puedan defenderte sin engaño
Del peligro y del daño.

Porque si alguna cosa
Te desasosegare por hermosa,
Para su resistencia
Arma tu corazón de continencia;
Y si te molestare algún trabajo,
Acude con presteza
Y ármate de invencible fortaleza.

Si es afrenta y ultraje el que te ofende;
Con la paciencia humilde te defiende;
Y si de esta manera te acostumbras

A defender la paz de tu sosiego,
No te podrán causar desasosiego
En lo que despreciaste o lo que gozas
Las apariencias falsas de las cosas.

CAPÍTULO XIII

*Pues todo lo que tenemos es prestado, no hemos
de decir que lo perdemos, sino que lo restituimos,
sin examinar la calidad de los cobradores que
Dios nos envía.*

Nunca de nada que perdieres digas
Que lo pierdes, con ceño;
Di que lo restituyes a su dueño:
Que el hombre, en tierra y lodo fabricado,
Cuanto tiene es prestado.
Si tu hijo se muere,
No digas «Perdí el hijo»,
Pues prestado fue tuyo;
Sino «A quien me lo dio le restituyo».

Si la heredad te roban,
No digas que la pierdes y la hurtaron;
Antes di que, por mano de ladrones,
Cobró tu acreedor tus posesiones,
Dirás que el robador es delincuente,
Y que en este suceso es diferente
La consideración. Díme, ignorante:
¿Por qué razón te atreves.
Siendo tú el que lo debes
Todo, a calificar los cobradores

Del que puede cobrarlo,
No tocándote a ti sino pagarlo?

Lo que te pertenece
Es que tengas cuidado.
Mientras lo tienes, de lo que es prestado,
Y así, la posesión de todo ordena
Como en cosa prestada, que es ajena.
Con el mismo semblante
Que goza del mesón el caminante.

CAPÍTULO XIV

*Desembaraza el ánimo de las vanas amenazas que en él
producen perturbaciones, y acostumbra el sufrimiento
en las cosas menores para las grandes.*

Si aprovechar pretendes,
Y si con mi doctrina
Quieres atesorar la paz divina,
Las amenazas vanas
Que hace distraído el pensamiento
Despreciarás contento.

Si te dijere: «Advierte que si dejas
De asistir á tu hacienda,
Á tus correspondencias, o tu tienda,
La llorarás perdida,
Y el alimento faltará a tu vida».
«Si a tu hija, o tu hijo, no castigas,
Trocando en los rigores el regalo,
Ella podrá ser ruin; él será malo».

Empero yo te digo
Que es mejor, con sosiego
Y sin perturbaciones,
Padecer hambre en todas ocasiones
Que, con desasosiego e inquietudes,
Despreciando la paz de las virtudes,
Vivir como los hombres desdichados.
Rico entre las congojas y cuidados.

También te digo que es mejor que sea
Tu hijo incorregible,
Distraído, que no que te posea
Inútil inquietud que a ti te ofenda,
Cuando tu hijo no es capaz de enmienda;
Pues no podrán servir tus diligencias
Sino de que, estorbando tu reposo,
Tú quedes desdichado y él vicioso.

Empieza este ejercicio
Por las cosas pequeñas,
Que son a la virtud fácil camino.

Si de aceite, o de vino.
Se vertió la vasija, no te alteres;
Di, pues la libertad del alma quieres:
«Tanto vale la paz; tanto el sosiego;
Por este precio la virtud se vende;
Esto el sabio pretende».

También, cuando llamares al criado,
Considera que puede ser posible
Que no quiera venir a tu mandado.
Y si acaso viniere.

Que puede ser (pues muchos son ingratos)
No quiera obedecer á tus mandatos.

Si todas estas cosas presupones,
No saldrá el que te sirve
Con enojarte, que es lo que pretende,
Si haberlo prevenido te defiende,
Ni te podrá enojar tu fantasía.
Tu inclinación errada, o tu porfía.

CAPÍTULO XV

*Para ser aprendiz de sabiduría no solo no te has de
ostentar sabio, empero te debes preciar de ignorante;
ni en tus alabanzas has de creer a los otros,
ni a ti propio.*

Si aprovecharte quieres,
Procurarás, humilde en tu desprecio,
Parecer a los otros tonto y necio,
En todo cuanto fuere
De ajeno poderío.
Que ni en tu mano está ni en tu albedrío,

Y aunque a muchos parezcas
Docto, y te alaben, tomarás venganza
De todos, no creyendo su alabanza.
Y cuando en tal adulación te veas.
Te mando que á ti propio no te creas:
Porque es dificultoso
El guardar tu destino,

Y la seguridad de tu camino,
Y atender a las cosas exteriores,
Entre la persuasión de aduladores;
Porque es fuerza que aquellos
Que atendiendo a lo ajeno se dividen,
De lo que es propio y de su paz se olviden.

CAPÍTULO XVI

*Quien quisiere alcanzar lo que desea ha de desear lo
que está en su mano alcanzar, y no ha de huir de
lo que está en ajeno poderío, y entonces será libre.*

Si quieres que tus hijos,
Tus padres, tu mujer y tus hermanos
No mueran, siendo humanos,
Que eternamente vivan,
Que no sean mortales
Cercados de congojas y de males,
Engañaste ignorante, pretendiendo
Que no se muera quien nació muriendo.

¿Quieres que esté en tu mano lo que ordena
La voluntad de Dios por mano ajena?
¿Quieres, de vanidad soberbia lleno,
Hacer propio lo ajeno?
Lo mismo es si pretendes que tu hijo
No yerre en inquietud o desaliño,
Pues es querer que el niño no sea niño.

Empero si deseas
Alcanzar cosas que en quietud poseas,
En tu mano tendrás el alcanzarlas,
Si sabes desearlas
Por las reglas que sabes,
Y nadie estorbará que las acabes.
Porque aquel solamente
Es señor de las cosas que desea,
Que solo en las que propias son se emplea;
Que puede, cuando quiere,
Seguirlas y alcanzarlas,
Y, cuando quiere, puede despreciarlas.

Así, quien pretendiere
Ser libre todo el tiempo que viviere,
No huya o siga, en ciego desvarío,
Cosas que son de ajeno poderío;
Porque si a lo contrario se arrojare
Con pensamientos bárbaros y altivos,
Bien se puede contar con los cautivos.

CAPÍTULO XVII

*Hase de gozar lo que Dios da; no se ha de solicitar
lo que aún no da, ni lamentar lo que no quiso darnos.
Aquél es perfecto en la bondad moral, que aun se
quita algo de lo que le da Dios.*

Acuérdate que debes gobernarte
Entre los apetitos de la vida,
Como en banquete, en cosas de comida:

Si a tu mano llegó con vianda el plato,
Tómala con modestia y con recato;
Y si pasa de ti, no la detengas;
Si no hubiere llegado, no prevengas
Acciones descompuestas de tomarla:
Espera hasta que llegue sin llamarla.

Débeste gobernar del mismo modo
Con la mujer, los hijos, la hacienda,
Honras y dignidades.
Sin codiciar, sujeto a vanidades,
Lo que Dios no te envía,
Ni querer reducir lo que desvía;
Y si esto obedecieres,
Alguna vez merecerá tu celo
Ser convidado del Señor del Cielo.

Empero si tú llegas
A perfección tan alta y tan constante,
Que, aun de lo que te pone Dios delante,
Dejes alguna parte con agrado,
No solo convidado
Serás de Dios en su palacio puro,
Sino que reinarás con Dios seguro:
Pues no por otra causa son llamados
Diógenes y Heráclito divinos
Sino por observar estos caminos.

CAPÍTULO XVIII

No te aflija el que se aflige por cosas ajenas, ni creas
padece verdaderos males; empero exteriormente
le debes consolar y acompañarle en su tristeza sin
perturbación; cumplirás con el oficio de sabio y
de humano.

Si a algún hombre le vieres afligido
Por decir ha perdido
Hijos, mujer o hacienda,
No dejes que perturbe ni que ofenda
La apariencia del vano sentimiento
La luz de tu razón y entendimiento,
De manera que creas
Que las cosas ajenas son bastantes
A causar sentimientos semejantes;
Antes divide luego
Las cosas con la paz de tu sosiego.

Y diráste a ti mismo,
Viendo las opiniones temerosas:
«No son las propias cosas
Las que llora y lamenta;
Que solo le violenta
A quejas y querellas
La engañada opinión que tiene de ellas».

De donde los filósofos coligen
Que, pues a los demás por sí no afligen
Las mismas cosas de la misma suerte,
Que no son males, pérdida, ni muerte.
No por esto pretendo

Que dejes de mostrar semblante humano
Al que se aflige y se lamenta en vano:

Debes con tus razones,
Clemente, consolar sus aflicciones,
Y, si el caso lo pide
Y ves que con tu pena se mejora,
Te permito llorar con el que llora;
Mas con tal condición te lo consiento,
Que con caritativo fingimiento
Llores para el que llora, si te mira;
Que entonces es piadosa la mentira,
Es virtud el engaño.
Pues sin tu daño alivias otro daño:
Llora exteriores lágrimas mandadas;
Mas no de interno afecto derramadas.

CAPÍTULO XIX

La vida es una comedia, el mundo teatro, los hombres
representantes. Dios el autor: a Él toca repartir los
personajes, y á los hombres representarlos bien.

No olvides es comedia nuestra vida
Y teatro de farsa el mundo todo.
Que muda el aparato por instantes,
Y que todos en él somos farsantes:
Acuérdate que Dios, de esta comedia
De argumento tan grande y tan difuso,
Es autor que la hizo y la compuso.

Al que dio papel breve
Solo le tocó hacerle como debe;
Y al que se le dio largo
Solo el hacerle bien dejó a su cargo;
Si te mandó que hicieses
La persona de un pobre, o de un esclavo,
De un rey, o de un tullido,
Haz el papel que Dios te ha repartido.
Pues solo está a tu cuenta
Hacer con perfección tu personaje,
En obras, en acciones, en lenguaje:
Que el repartir los dichos y papeles,
La representación, o mucha o poca,
Solo al autor de la comedia toca.

CAPÍTULO XX

Hanse de despreciar los agüeros, como cosas que solo
amenazan en nosotros las cosas ajenas, y debemos
entender que seremos siempre invencibles, si nunca
entrásemos en contienda que no esté en nuestra
mano el vencerla.

Cuando el cuervo siniestro te graznare,
La sal se derramare,
El espejo que miras se rompiere,
O temeroso sueño te afligiere,
Armaráste severo
Contra las amenazas del agüero,
Y dirás a tu propio sentimiento:
«No me tocan los miedos del portento».

Tocarale a mi cuerpo su guadaña.
Sepulcro que portátil me acompaña;
Tocará a mis hijuelos.
Que engendré en pena y alimenté en duelos;
Tocará a mi mujer, gloria prestada,
Más veces padecida que gozada;
Tocarale a mi hacienda y posesiones.
Caudal sujeto a pérdida y ladrones.
Que se pierde y se adquiere,
Y que deja al que vive y al que muere;
Que para mí, si la razón me esfuerza,
No puede el mal agüero tener fuerza;
Pues si yo quiero, a mí ninguna cosa
Me puede suceder mala o dañosa,
Si de cualquier trabajo, en tal estrecho.
Puedo con la virtud sacar provecho».

Y serás invencible
Si, armado de humildad y de paciencia,
No aventuras tu paz en la pendencia,
Ni compites profano
Cosas en que el vencer no está en tu mano.

CAPÍTULO XXI

Más vale ser libre que rico, y no ser esclavo que
cónsul; por esto la libertad solo se adquiere
despreciando las cosas que están en mano ajena.

Cuando vieres a alguno colocado
En preferido honor, en grande estado,
Espléndido en riquezas,
No a persuasión del oro y las grandezas
Aparentes, con voz mal informada.
Llames su suerte bienaventurada.

Porque si el verdadero
Camino de frenar los apetitos.
Que acreditan por honra los delitos,
Está fácil y llano
En las cosas que están en nuestra mano,
¿Cómo podrán reinar en tus acciones
Envidias, avaricia y pretensiones?

Tú, pues, que a la verdad del alma atiendes,
Y solamente ser libre pretendes,
¿Cómo pretenderás el más severo
Cargo y la mayor copia de dinero
(Cuando no ser esclavo
Pretende solamente tu destino),
Si no hay otro camino
Para la libertad sino el desprecio
Que la verdad ordena
De las cosas que están en mano ajena?

CAPÍTULO XXII

No afrentan las ofensas, sino la opinión engañada que
tienen de ellas los que no las previenen.

Advierte que no afrenta
Quien hace injuria o quien injuria dice:
Solo te injuria la opinión violenta
Y engañada que tienes de las cosas
Que tu ciega opinión hace afrentosas.
Según esto, las veces que cualquiera
Te irrita o vitupera,
Si en cólera bestial te precipitas,
Con la opinión que tienes de él te irritas.

Mas si en sucesos tales,
Que a tu imaginación debes tus males,
Te das espacio y tiempo, y no te arrojas
Dejándote en poder de las congojas,
Y de tus pensamientos te desvías,
Dominarás tus propias fantasías.

Y para conseguir esta victoria,
De fácil paz y de perpetua gloria
El más eficaz medio y el más fuerte
Es prevenir la muerte.
La afrenta y el destierro,
Y en injusta prisión molesto el hierro,
Y cuanto es al dolor más insufrible,
Y, al fin, la muerte, por lo más terrible;
Que si así lo ejecutas,
Nunca te abatirás a la bajeza,
Ni buscarás sediento la grandeza.

CAPÍTULO XXIII

El que empieza el camino de la virtud ha de entender
á perseverar, no a las murmuraciones y fisga de
los vulgares, pues, despreciándolas, en pocos días
las aumenta en alabanzas.

Si a la filosofía
Y al estudio pretendes entregarte,
Para poder en él asegurarte
Apercibe tu espíritu valiente
A las murmuraciones de la gente.

A la virtud la llamarán locura;
Dirán es fingimiento tu cordura;
Llamarán tu modestia sobrecejo;
Pero tú no le tengas, y el consejo
Y el intento empezado
No le dejes: prosigúele esforzado,
Despreciando su risa y vituperio,
Pues Dios te puso en ese ministerio;
Que si en él perseveras, verás claro
Que los que difamándote gritaban
Te veneran, te estiman y te alaban.

Mas si del buen propósito desistes
Y otro camino popular intentas,
Padecerás dobladas las afrentas.

CAPÍTULO XXIV

Quien se aparta del buen estado por agradar a otro,
cae de él: es el remedio contentarse de ser filósofo,
sin pretender con ambición ser tenido por tal.

Cuando te aconteciere.
Por hacer amistad, o por agrado,
Dispensar en las reglas que te he dado,
O ya, por ser bien quisto,
Dejares la doctrina
Que a libertad gloriosa te encamina,
Sabe que ya caíste
Del sosiego y la paz que pretendiste;
Y para asegurarte
Debes, humilde y cuerdo, contentarte
Solo con ser filósofo, y si quieres
Parecer que lo eres,
Parézcatelo a ti, sin salir fuera
Anhelando por aura tan ligera:
Sé sabio, y para no dejar de serlo
Excusa el ostentarlo y parecerlo.

CAPÍTULO XXV

*Respondiendo a seis objeciones, enseña que no
se ha de apartar el sabio de los bienes verdaderos
por condescender en los aparentes con los amigos.*

No debes hacer caso
De la imaginación, que, turbulenta,
Ciega, te representa
Que de todos serás tenido en poco,
O juzgado por loco.

Si a ti te persuades
Que es mal ser despreciado,
Te muestras ignorante y engañado;
Pues por cosas ajenas
No puedes padecer desprecio ó penas,
Ni por causas de otro puede el sabio
Incurrir en vileza o en agravio.

Dime si, por ventura,
Juzgas que está en tu mano
Ser llamado al gobierno;
Que a su mesa te llame el cortesano.
Dirás que el convidarte,
Por más que tu ambición lo solicite,
Está en mano del dueño del convite;
Pues, según eso, dime: ¿cómo puedes
Llamarte desdichado en esa parte,
Si el que puede no quiere convidarte?

Di, ¿por qué te lamentas
Por ofendido, y tienes por afrentas

Cosas que de otra voluntad dependen.
Que si no te suceden, no te ofenden,
Cuando en las propias, si verdad siguieres,
Tendrás la libertad que tú quisieres?

Dirás, mal advertido, que deseas,
Por ser acto piadoso,
Ser para tus amigos provechoso:
Dime: ¿en qué cosas tu opinión procura,
Ya que tu propia libertad infamas,
Ser de provecho a los que amigos llamas?

Respóndeme si puedes,
O con tu autoridad, o con tus manos,
Hacerlos ciudadanos
De Roma, y concederles de nobleza
Privilegio o riqueza.
Dirasme que no puedes,
Porque a nadie conviene
El dar lo que no tiene.

Replicarás que dicen tus amigos
Que es bueno que tú adquieras para honrarlos,
Y que pretendas lo que puedas darlos.
Mas debes responderlos
Que, si hay alguna cosa
Que puedas adquirir por complacerlos
Guardando en ti la libertad preciosa,
La fe y la integridad de la conciencia.
La verdad de esta ciencia
Que cierra el bien de tu sosiego todo,
Que te enseñen el modo;
Porque si en solo el nombre son amigos,

Y pretenden que pierdas los severos
Bienes que son los bienes verdaderos,
Por los que, siendo bienes aparentes,
Embarazan los ánimos dolientes.
Más enemigos son que amigos tuyos,
Pues piden con malicia,
Sin razón, lo que niegas con justicia.

Y puedes preguntarlos
Si quieren más su gusto y su dinero
Que la paz del amigo verdadero.
Si dicen que prefieren
El verdadero amigo y que le quieren,
Dirás que, para serlo,
Deseas que te ayuden con dejarte
Seguir a la verdad en esta parte.

Mas, porque puede ser que te replique
Tu propia fantasía,
Diciendo que si a tal filosofía
Entregas tus potencias y sentidos,
Usurpas, menos sabio que tirano,
Al útil de tu patria un ciudadano,

Examina en lo interno de tu pecho
Cuál útil puede ser, o cuál provecho,
El que en tu estudio pierde
¿Faltarán, por ventura,
Baños, o faltará la arquitectura?
¿Faltarán bastimentos,
Calzado, ni vestidos, ni ornamentos?
¿Faltará quien fabrique
Armas, ni quien los templos edifique?

No faltará por ti; pues, según esto,
Es bastante y honesto
Que cada ciudadano haga su oficio:
Ellos, en su mecánico ejercicio,
Y tú, en el de filósofo, que tienes,
Siguiendo en la verdad los santos bienes;
Que el ciudadano fiel y virtuoso
Es a su patria el hijo más precioso.

Dirasme que te diga.
En tu ciudad que con su pueblo crece,
¿Qué puesto o qué lugar te pertenece?
Respondo que cualquiera
Que no estrague tu ciencia verdadera.
Que no inquiete tu paz, ni te cautive
La libertad que en las virtudes vive.
Porque si aprovechar tu patria quieres
Perdiendo tu virtud y tu templanza,
Que son las prendas dignas de alabanza,
Serás un ciudadano
Pérfido en tu ciudad, de ti tirano.

CAPÍTULO XXVI

El sabio ha de alegrarse de las cosas que otros tienen,
si las juzga buenas, y si las juzga malas, de no tenerlas;
debe recompensar las honras y los puestos que no le
dan, por lo que gana en no dar por ellas lo que piden
los que los venden.

Si alguno en el banquete
Tuvo mejor lugar que tú algún día,
O si en la cortesía
A ti le adelantaron,
O al consejo y la junta le llamaron
Sin hacer de ti caso,
Debes considerar que si tú tienes
Estas cosas por bienes,
Te debes alegrar, sin envidiarlas,
Cuando vieres que el otro las desea,
De que, si las alcanza, las posea;
Empero, si por males las juzgares,
Sabiendo conocerlas,
Te debes alegrar de no tenerlas.

Y advierte que no puedes
Las mismas honras alcanzar que alcanza
Quien se deja arrastrar de su esperanza.
Ni puedes granjearlas
Sin hacer o que hace por gozarlas;
Pues es cosa imposible
Que aquel que no acompaña.
Que no miente y adula, y que no engaña,
Alcance de la gente
Lo mismo que el que engaña, adula y miente.

Luego serás injusto e insaciable
Si, no dando estas cosas, que son precio
De las honras del necio,
En que compra en sus puestos sus afrentas.
Que te las den a ti de balde intentas.

El ejemplo te pongo en la lechuga;
Aprende en las legumbres
A contratar los puestos y las cumbres:
Una lechuga dan por un dinero;
Si quien la lleva la pagó primero,
Y tú, que no le diste, no la llevas
Y sin ella quedaste.
No has de juzgar que menos que él llevaste;
Pues él dejó el dinero si la compra,
Y tú, si con lo justo te aconsejas,
Te llevas el dinero si la dejas.

Ajusta (doctrinadas tus pasiones)
Por la legumbre esotras pretensiones:
No fuiste convidado
Porque no habías pagado
El precio porque el otro da el banquete,
Pues le cobra en lisonja y vasallaje,
Y da su mesa a trueco de tu ultraje.

Tú, pues, si lo que el rico vende quieres
Alcanzar, a tu gusto el suyo mide,
Y paga el precio que por ello pide;
Porque si quieres honras,
Que son lo que tu espíritu pretende,
Sin pagar lo que cuestan de contado,
Eres avaro y eres mal mirado.

Dirás con sentimiento que te quedas
Sin banquete, sin puesto y sin oficio;
Respondo que por eso en tu ejercicio
De sabio permaneces,
Y tienes la verdad que no vendiste;
Tienes que no adulaste, ni mentiste;
Tienes no haber sufrido
Los enfados que sufre el admitido.

CAPÍTULO XXVII

*No entiende ni obedece el instituto de naturaleza quien
no juzga las cosas y sucesos ajenos como los propios.*

De la naturaleza el instituto,
Que la conservación nuestra pretende,
Fácilmente se entiende
De las mismas acciones naturales
En que todos los hombres son iguales.

Quiero verificarte
Con ejemplo común lo que te digo:
Cuando de tu vecino o de tu amigo
Acontece que el siervo quiebre el vaso
Dices sin enfadarte lo que hizo:
Que rompió el vaso, que era quebradizo;
Luego del mismo modo, cuando el tuyo
Quiebre tu vaso, debes, reportado,
Decir: «Lo quebradizo se ha quebrado».

Murióse su mujer, hijo o hermano
Al que conoces; dices que era humano;
Que le llegó su día;
Que a la tierra pagó lo que debía;
Mas si a ti se te mueren,
Clamas con llantos y gemidos tiernos,
Y quieres que los tuyos sean eternos.

¡Cuánto mayor razón será que trates
Tus propios gustos y tus propias penas
Como entiendes y tratas las ajenas,
En cualquiera fortuna,
Pues la naturaleza toda es una!

Y de la misma suerte
Que no se pone el blanco en el terrero
Con intento que yerre el ballestero,
Así naturaleza en este mundo
Nunca es causa de males y de daños,
Ni en nosotros dispone los engaños
Á que suele torcernos la malicia;
Pues si naturaleza los causara,
Manca y defectuosa se mostrara.

CAPÍTULO XXVIII

Quien mide sus fuerzas por lo que emprende, y
considera lo que precede a lo que desea, y lo que suele
suceder a quien lo desea, y lo que acontece a quien
lo alcanza, nunca se quejará ni se hallará burlado.

Si alguno permitiese que tu cuerpo
Fuese de cualquier hombre maltratado,
Sin duda que, indignado.
Te lamentaras viéndote ofendido.
Afrentado y corrido.

Pues dime: si esto sientes y lamentas,
¿Por cuál razón no sientes y te afrentas
De ti, que tu alma propia cada día
Permites al dolor y tiranía
De la mala palabra del ocioso,
Del agravio del hombre poderoso.
De la persecución dura e importuna
Y de la sinrazón de la fortuna,
Siendo cosas ajenas
Que sabe hacer el sufrimiento buenas?

Mira cuán poco a tu prudencia debes,
Que de palabras y de ofensas leves
Guardas tu cuerpo, cuando en casos tales
Tu alma ofreces a infinitos males;
Oye la voz de la verdad divina
Y hallará tu dolencia medicina.

Conviene, pues, si tu salud deseas,
Que en cualquier obra que el discurso empleas

Consideres qué cosas la preceden,
Y cuáles la acompañan y suceden;
Qué inconvenientes tiene su esperanza;
El fin y con los medios que se alcanza
Y acomoda tu espíritu con ellos;
Que si así no lo haces,
Tu inadvertencia turbará tus paces;
Hallaráste burlado,
Y necio, y castigado,
Y, advirtiendo que erraste en tus intentos.
Cercado de tormentos
Y tarde arrepentido,
Lo que empezaste dejarás, corrido.

Facilite el ejemplo mi advertencia:
Doy que pretendes tú, con sed de gloria,
En los juegos olímpicos vitoria;
Concédote que es justo desearla,
Por ser virtud honesta el alcanzarla;
Mas conviene primero
Considerar con ánimo severo
Qué requisitos tienen estos juegos.

La primer condición y diligencia
Es comer poco, darse á la abstinencia,
No usar de las viandas delicadas,
Y en las horas del sol más abrasadas,
Y en las más encogidas por el hielo,
En la sazón que no es tratable el cielo,
Ejercitar las fuerzas diligente;
Beber agua caliente
Cuando cuece las mieses el estío,
No beber vino en el rigor del frío,

Y al maestro del juego
Te debes entregar tan obediente
Como se entrega al médico el doliente.

Esto a los juegos los precede, y luego
Muchas veces sucede que en el juego
Se tuerce el pie o la mano,
Se traga mucho polvo, y de los golpes
Quedan señales cárdenas, y heridas,
Y las facciones torpes y ofendidas;
Y acontece, después de tanta pena,
Quedar vencido en medio de la arena.

Si a lo primero el ánimo dispones,
Y previenes esotras ocasiones,
Bien puedes, como sabio, y como fuerte,
A la palma en los juegos oponerte;
Mas si a considerar aquestas cosas
No adelantas la mente,
Errarás, vago y siempre diferente.
Como suelen los niños ignorantes,
Que ya son comediantes,
Y ya son luchadores,
Y luego gladiatores,
Y de un intento en otro, temerarios,
Discurren ciegos, y se ocupan varios.

Tú, pues, del mismo modo.
Nada en todo serás por serlo todo,
Ya luchador, ya lógico,
Ya esgrimidor, filósofo otras veces,
Pues a todo te atreves y te ofreces,
Y, con mente engañada.

Por ser mucho, eres nada;
Antes, de la manera
Que torpe el simio ocupa sus acciones
En las imitaciones
De cuanto ve y alcanza,
Andarás imitando cuanto vieres,
Mudando por instantes pareceres.
Esto padecerá tu entendimiento,
Porque a todo te aplicas
Sin consideración, siendo delito
Seguir la variedad del apetito.

Hay muchos ignorantes
Que, oyendo algún filósofo, le alaban,
Como si le entendieran,
Y severos ponderan
Las sentencias de Sócrates, diciendo:
«¿Quién pudo sino Sócrates decirlo?
Solo Sócrates pudo definirlo».
Y con solo alabarle,
Sin entenderle, quieren imitarle,
Y tienen, sin saber filosofía,
Para filosofar necia osadía.

Tú no de esta manera
Difamarás tu seso: considera
Cuál es en sí la cosa que acometes,
Y tus fuerzas tantea
Primero con la carga y la tarea:
Si a esgrimidor o a luchador te aplicas,
Consultarás primero cuidadoso
Tus muslos, tus espaldas y tus brazos,
O para las heridas ó los lazos;

Y así examinarás para qué cosas
Te dio naturaleza
Miembros, agilidad o fortaleza.

¿Piensas que si te aplicas al estudio
Has de servir al vientre los manjares
Varios y singulares?
¿Piensas que has de beber del mismo modo,
Que han de ser unas mismas tus acciones
Sirviendo a la razón, o a las pasiones?
Si lo piensas, te engañas;
Pues si filosofar quieres, primero
Te has de entregar severo
Al trabajo y desvelo, y despedirte
De negocios domésticos forzosos,
Y debes despreciar los afrentosos
Sucesos, y a ti propio prevenirte
Que no has de tener honras, ni tesoro,
Dignidades, ni oro;
Y, bien consideradas estas cosas,
Delibera contigo cuerdamente
Si la paz de tu mente,
La libertad del alma generosa,
Solamente preciosa,
Te conviene comprar por este precio
A que la vende el temerario y necio.

Si primero no haces esta cuenta,
Que previene tu afrenta.
Despreciando á los vicios los cariños,
Tan mudable serás como los niños:
Ya serás caballero, ya filósofo,
Y ya procurador, y, cuando mucho,

De César lo serás, y temerario
Padecerás un movimiento vario;
Pues sabe que es forzoso
Ser una de dos cosas que señalo:
O bueno y sabio, o ignorante y malo.

Quiero decir que, o debes ocuparte
En cultivar tu alma, o entregarte
Al cuidado de cosas exteriores,
Y embarazarte en las que son menores;
O debes ser plebeyo, o ser filósofo;
Que plebeyo y filósofo prudente
No puede serlo el hombre juntamente.

CAPÍTULO XXIX

Para cumplir el hombre en su oficio, que así llamaron
los latinos la obligación, guardando el instituto de
la naturaleza, ha de ser observante de las verdaderas
relaciones de las cosas.

Pues que se miden por la mayor parte
Nuestras obligaciones
Con las justas y santas relaciones,
Por cuyo medio en la verdad convienen,
No yerran los que siempre las previenen.
Trátase del que es padre, y es preceto
Servirle con amor y con respeto;
Sufrirle si te riñe y te castiga.

Dirás que no es buen padre; considera
La relación forzosa y verdadera,
Y hallarás que te dio naturaleza,
Para que fueses, no para regalo,
Solo padre; no padre bueno o malo.
¿Tienes hermano necio e injurioso?
Guardarás tu instituto soberano
Si olvidas lo injurioso, no lo hermano:
Mira lo que es: no mires lo que hace;
Mira a lo que te dio naturaleza,
Y no a su condición, o su fiereza,
Y está cierto que nadie de esta suerte,
Si no es queriendo, bastará a ofenderte:
Pues solo entonces sentirás afrenta
En lo que padecieres
Cuando tú por afrenta la tuvieres.
Siguiendo este camino,
O con el ciudadano o el vecino,
O el capitán, cumplir podrás tu oficio,
Si en aqueste ejercicio
De tus obligaciones
Pones la vista en estas relaciones.

CAPÍTULO XXX

Debes tener de Dios tales opiniones, que igualmente
te conviene lo que te concede como lo que te niega,
y resígnate todo en él por ser sumo poder, suma
sabiduría, suma justicia, y suma verdad.

De la veneración que a Dios se debe
Es esta la doctrina:
Lo primero, creer que la divina
Majestad vive y reina, y es la fuente
De todo bien; que justa y santamente
Dispone cielo y tierra;
Que dispensa la paz como la guerra;
Que todo lo crió; que lo gobierna
Su providencia eterna.
Así de sus secretos
Siempre tendrás en todas ocasiones
Reverentes y ciertas opiniones,
Y por esta razón determinarte
Debes a obedecerle,
A seguirle y amarle, y a temerle,
Y debes sujetarte
A cuanto sucediere, sin quejarte:
Antes debes alegre
Gozar o padecer lo que te ordena,
De contento o de pena.
Pues ordena tu gusto o tu tormento
El sumamente excelso entendimiento,
Que ni puede, ni quiere
Errar en lo que obrare o permitiere.

Y no hay otro camino
Para seguridad de los humanos
Sino dejar en las divinas manos
Lo que no está en las nuestras,
Y el bien y el mal de cosas aparentes,
Por no incurrir en ciego desvarío,
Ponerle en nuestro juicio y albedrío;
Que si así no lo haces,
Y por bienes o males
Tienes cosas ajenas y mortales,
Cuando no las alcances,
Será forzoso con la mente ciega
Quejarte del Señor que te las niega,
Y aborrecerle, necio y descontento.
Por autor de tu queja y tu tormento;
Porque es natural cosa
Que hasta los animales
Brutos irracionales
Huyan, por anhelar a su reposo,
De todo lo que tienen por dañoso;
Y, como arrebatados de su engaño,
Aborrecen la causa de su daño.

Así, por el contrario, aman y siguen
Lo útil solo, y en seguir se emplean
Las causas del provecho que desean;
Porque es cosa imposible
Que alguno se deleite con la cosa
Que le parece dura y enojosa,
Por lo cual muchas veces acontece
Que se enojen los hijos con los padres,
Cuando los niegan daños que apetecen.

¿Qué otra cosa ordenó que se matasen
Polinices y Eteocles, siendo hermanos,
Con actos inhumanos.
Sino juzgar, a costa de su muerte,
Era bueno reinar de cualquier suerte?

Por esto el labrador, y el usurero,
Y el ronco y atrevido marinero,
Cuando lo que codicia se le niega,
Del justo y siempre santo Dios reniega;

Y aquellos despiadados
Que pierden sus mujeres y sus hijos,
Y en ellos su deleite y regocijos,
Porque piensan que á Dios no se le debe
Observancia y amor; que solo es justo
Cuando les da salud, riqueza y gusto.

Según esto, quien cuida, religioso
Y resignado en Dios, de su reposo.
Que sabe lo que huye y lo que sigue,
Es quien cuida severo
Del respeto que a Dios debe primero.
Celebrar oblaciones,
Ofrecer sacrificios,
Pagar por los divinos beneficios
Primicias, se ha de hacer de la manera
(Pues a ser religioso te apercibes)
Que se observa en el reino donde vives,
Sin ser en esto pródigo ni corto,
Ni encender tu caudal con alegría:
Con cuerpo puro y alma limpia y pía.

CAPÍTULO XXXI

El sabio no recibe turbación con las respuestas
del adivino ni del oráculo, porque sabe que
si amenazan en él las cosas ajenas, no le tocan;
y si las que son propias, que puede usar bien
de cuanto le sucediere.

Cuando, supersticioso,
Consultes agorero fabuloso,
Llegarás advertido que no sabes
Lo que los intestinos y las aves
Le parlarán con señas;
Pues afirman que leen en sus entrañas
Del cielo los halagos y las sañas.
Siendo sus caracteres
En las víctimas muertas
Difuntas fibras, con arterias ciertas.

Si filósofo eres,
La calidad de lo que saber quieres
Ya la llevas sabida;
Pues si fuese de cosas que en la vida
Están en mano ajena,
Por sí no puede ser mala ni buena.

Nunca busques curioso al adivino
Con preguntas de casos
Que apeteces o huyes, pues tus pasos
Es forzoso vacilen, temerosos
O de no conseguir lo que deseas,
O de que el daño que aborreces veas.

Antes debes creer que todo cuanto
Te adivinare de temor y espanto,
Que no te toca a ti (sea lo que fuere),
Pues cuando sucediere,
Nadie puede estorbarte,
Siguiendo esta doctrina y este modo,
Que, con prudencia, uses bien de todo.

Según esto, bien puedes
Consultar a los dioses confiado,
Y, en oyendo el oráculo sagrado,
Acuérdate con quién te aconsejaste;
Y si a no obedecer te determinas,
Acuérdate desprecias las divinas
Inspiraciones. Puedes a los dioses
Consultarlos del modo y la manera
Que, con alma sincera.
Los consultaba Sócrates, en solas
Las cosas que al efecto
Dudoso, por ajeno e imperfecto,
Su consideración se remitía,
Y que en él tienen la salida y guía,
O sobre aquellas cosas
Que, por razón o arte embarazadas,
No dan lugar á ser consideradas.

Mas cuando se ofreciere
Entrar en el peligro que ocurriere.
Por librar al amigo o a la patria,
No es menester temello,
Ni consultar los dioses para hacello;
Porque si el agorero declarase
Que la víctima advierte

Destierro, herida o muerte,
Tú debes oponerle las razones
Que hay para padecer muerte y destierro,
Heridas y castigos,
Por tu nativa patria y tus amigos.

Con el conocimiento
Debes llegar al grande Apolo Pitio,
Pues sabes que del sitio
De su templo sagrado
Echó violentamente, y afrentado,
Al que dejó huyendo
A su amigo en poder de salteadores,
Debiendo socorrerle
Hasta morir con él, o defenderle.

CAPÍTULO XXXII

Debes ponerte ley que guardes en las conversaciones,
discursos y banquetes, para no infamarte
en la demasía vulgar.

Establece contigo
Cierta ley, orden cierta, que tú puedas
Guardar severo en obras y razones,
O ya estés solo, o ya en conversaciones.

Cuida de tu silencio,
Que nunca fue culpable,
Y siempre llaman santo el que es loable,
Y, pues ni puedes ser necio ni loco,

Tendrás mucho cuidado de hablar poco;
Habla lo que es forzoso y es decente,
Y con pocas palabras, brevemente;
Y si las ocasiones te obligaren
A que hables, tu plática no sea
Vulgar, sucia, ni fea.
De juegos, de mujeres ni de vicios.
Ni de los ejercicios
En que á los gladiatores consideras
Fieras humanas contra humanas fieras;
Ni en caballos, ni en pláticas bestiales.
Ni en banquetes y excesos de glotones
Ocupes tu discurso y tus razones.

De los hombres conviene,
Aun cuando fueren dignos de alabanza,
Hablar poco, despacio, y con templanza;
Que en siendo grande la alabanza ajena,
Da envidia al que la escucha,
O por ser alabanza, o por ser mucha.

Según esto, repara
En la moderación de tus razones,
En las comparaciones
Y vituperios, porque siempre ofenden
Los que las faltas de otros reprehenden.
Si la conversación de tus amigos
O familiares va descaminada,
Con bien intencionada
Razón, si tú pudieres, encamina
El error de su intento,
Mostrándote prudente, no violento;
Empero si no fueren conocidos,

Y te ves atajado,
Callarás reportado.

Tu risa nunca sea
Larga, ni descompuesta.
Ni frecuente: sea honesta;
Juzgúela en ti la vista: no el oído;
El ademán la muestre enmudecido;
Y, si posible fuere.
Excusa el juramento; y si del todo
No te fuere posible el excusarle,
Porque en esto no excedas,
Excúsale las más veces que puedas.

Evita los banquetes:
No le vendas al rico y poderoso
Tu libertad, tu paz, y tu reposo;
Que, en lugar de convite, es cautiverio
El que cobra el sustento en vituperio.

Mas si te sucediere
Ser convidado, advierte
Que debes de tal suerte
Considerar en todo tus acciones.
Que desprecies vulgares aficiones,
Con modestia y templanza
Dignas de imitación y alabanza;
Porque si a ti se llega
El inmundo, es forzoso
Quedes inficionado
Por el comercio de su trato, y lado.

CAPÍTULO XXXIII

Has de usar de las cosas que sirven al cuerpo,
nivelándolas con el decoro y moderación que
se debe a la paz y dignidad del alma.

Todas aquellas cosas
Que al servicio del cuerpo son forzosas
Se han de usar y admitir tan solamente
En cuanto se ordenaren
Á la paz del espíritu, de suerte
Que te puedan servir y no ofenderte.

Débeslo platicar en los manjares
Fáciles o vulgares;
En la bebida excusarás exceso,
Porque enferma la sed y turba el seso.
En vanagloria y pompa de vestidos,
Menos bien apropiados que vendidos,
De cuya demasía
Se burlan la estación caliente y fría:
Si viste el cuerpo, tienes testimonio
Que, en el gasto, desnuda el patrimonio,
Y, por vestirte ricamente un día
(Menos de seda ilustre que de engaños),
Á tu vida desnudas muchos años,
En numeroso cerco de criados,
Enemigos domésticos pagados,
Que, cuando piensas que te sirven todos,
Sin que tu ciega vanidad lo entienda,
De ti se sirven todos en tu hacienda.

Según esto, tú debes
Atajar lo superfluo y lo que sobra,
Pues en pobreza tu dolor lo cobra.
Honesto debes, antes de casarte.
Guardar la castidad, para guardarte;

Empero si te casas
Por acallar desordenadas brasas
De la concupiscencia,
Guardarás, religioso, continencia
Al matrimonio, y usa
Del tálamo y la esposa,
Ya disforme, ya hermosa.
Amante y reverente,
A la ley de las bodas obediente.

No murmures jamás de los casados.
Que en recíproco amor están ligados,
Ni de los casamientos
Digas donaires, ni refieras cuentos,
Ni te alabes hipócrita injurioso,
Por mostrarte censor de los placeres,
De que ni ves ni tratas las mujeres;
Que, si bien no tratarlas es seguro,
Por tener su belleza
Para nuestra flaqueza
Fuerza de encanto y obras de conjuro,
El que se alaba de que no las trata.
En vez de blasonar acción loable.
Da sospechas de venus más culpable.

CAPÍTULO XXXIV

Debes despreciar los chismes de tu murmuración
que otros te refieren, no contradiciéndolos,
sino atajándolos con humildad.

Si alguno de los hombres que en el mundo
Sirven de oído ajeno,
Trajinando el veneno
De las conversaciones
A los mal advertidos corazones,
Porque lo que no oíste ni te toca
Lo oigas de su boca,
Te dijere, vistiendo de advertencia
El chisme: «En mi presencia
Dijo un hombre de ti grandes maldades
Y torpes liviandades»,
Responderás prudente, con sosiego:
«Ese hombre que dices no sabía
La menor parte de la vida mía
Y otros muchos defectos que yo tengo:
Porque, si los supiera,
Con la misma razón te los dijera».

CAPÍTULO XXXV

No se han de frecuentar los teatros de las comedias,
y si se oyere alguna, ha de ser con modestia y silencio,
sin alabanza ni vituperio.

No frecuentes comedias ni teatros,
Donde la mocedad antes alcanza
Escándalo que ejemplo y enseñanza.

Mas si en ellos entrares,
Entiendan todos de una misma suerte
Que quieres solo a ti satisfacerte:
Quiero decir que quieras
Que lo que en la comedia sucediere
Sea como su autor lo dispusiere;
Que venza quien la fábula ordenare;
Que obedezca la copla, en el sentido,
A lo que el consonante la forzare;
Que el indigno de amar goce admitido;
Que venza quien la fábula quisiere;
Que se logre la treta
Que imaginó el poeta,
Y que muera el valiente
Cuando lo ordene el trágico accidente,
O el fin de la batalla:
Trata de oiría; deja el disputalla;
Que si así te compones con la gente,
Serás sabio y oyente.

No des voces, palmadas, ni te rías,
Vituperes, ni alabes
La copla humilde ni los versos graves;

Y de lo que has oído y lo que has visto
Tu semblante podrá salir bien quisto.
Y, acabada la farsa,
No censures la traza, ni los versos,
Pues ya fuese confusa, o poco tersos,
Para tu corrección nada aprovecha,
Y mostrarás envidia, y no dotrina,
Y antes parecerá, por tu cuidado,
Que el verso y la comedia te ha admirado.

CAPÍTULO XXXVI

Si no pudieres excusar el hallarte en las academias
o concursos donde los presumidos leen sus obras,
para que se las alaben, las oirás con alegre semblante,
y con silencio grave, sin interesarte en aprobación
o vituperio.

A las conversaciones y academias,
Donde los ambiciosos
De opinión y de títulos famosos,
Con aplauso comprado,
Leen el libro o poema meditado,
No vayas imprudente,
Ni, llamado, te llegues fácilmente.
Huye en concursos tales
Alabanzas mecánicas venales;
Que si alabas en otro lo que es malo,
A su ignorancia tu ignorancia igualo;
Y si no alabas lo que alaban todos,
Peligra tu quietud de muchos modos.

Por esto, si excusarte no pudieres
Y el número de oyentes le crecieres,
Guardarás gravedad y compostura,
Y en alegre atención la mente pura,
Sin que de ti se entienda
Otra cosa, por voz ni movimiento.
Sino que fuiste oyente bien atento.

CAPÍTULO XXXVII

*Cuando fueres a negociar con grandes ministros,
proponte para la imitación suya lo que hicieran en
tal caso los mayores varones de que tienes noticia.*

Cuando a tratar algún negocio fueres
Con ministro supremo,
Donde el peligro viene a sèr extremo
Si la mente confusa, inadvertida,
Del lúbrico poder la senda olvida,

Propondráste primero,
Si a los mismos tratados que tú fueran,
Lo que Zenón y Sócrates hicieran,
Cómo se prepararan;
De qué templanza usaran;
Y, nivelando en ellos tus acciones,
Sin error lograrás las ocasiones;
Pues quien por tal ejemplo se previene,
Hace o deja de hacer lo que conviene.

CAPÍTULO XXXVIII

Si te fuere forzoso hablar a algún hombre poderoso,
para no arrepentirte, ve persuadido a que usará contigo
demasías y desprecios.

Si te fuere forzoso
Ir a ver algún hombre poderoso,
Prevendrás, lo primero,
Molestias de la puerta y del portero,
Y llega persuadido
A que no le hallarás, o que, escondido,
Te negará la entrada,
O que la puerta la hallarás cerrada;
Y que, cuando le halles y te admita,
No hará de ti caso;
Y, si es forzoso el ir, prevén el paso
A que han de sucederte
Las demasías que el Palacio advierte,
Y no te persuada
Tu presunción que no ha de costar nada.
Pues es fuerza comprar con tu paciencia
Su visita y su audiencia,
Por ser de avaro y necio
Querer comprar y no pagar el precio.
Que quien dice, después de sucedido:
«Si yo lo sospechara,
Lo evitara advertido,
En arrepentimiento tan ligero
Es tan necio después como primero».

CAPÍTULO XXXIX

Tu conversación no ha de ser demasiada en tus cosas,
ni de cosas que ocasionen risa, ni deshonesta, ni has
de aplaudir a la que lo fuere.

En las conversaciones
No te alegres contando tus acciones,
Pues aunque siempre tienen gusto todos
De referir sus hechos de mil modos,
De escuchar los ajenos
No gustan ni los malos ni los buenos.

No con lo que dijeres
Ocasiones la risa en el oyente,
Pretensión al filósofo indecente,
Pues envilece el crédito que alcanza,
Y, ridículo y necio,
Menos aplauso adquiere que desprecio.

Y debes excusarte
De oír obscenas pláticas lascivas;
Mas si acaso las oyes
Sin poder excusarlas,
Procura, si pudieres, atajarlas;
Y al que en ellas porfía
Le reprehenderás con cortesía;
Y si reprehenderle no pudieres,
Tu compostura honesta, el vergonzoso
Semblante, y tu reposo,
Y el silencio modesto,
Muestren que no te agrada el deshonesto.

CAPÍTULO XL

Cuando se te representare agradable algún deleite corporal, examina la calidad del breve tiempo en que le gozas, y el arrepentimiento que trae el tiempo después que le gozaste, y vendrás á vencerle, y no ser vencido de él.

Si la imaginación acreditare
Algún deleite, es bien que se repare
Que la imaginación es engañosa,
Porque la fantasía deleitosa
No arrebate tu seso,
Y el apetito se le entregue preso.

Mas antes que consientas persuadido,
Toma tiempo y espacio, y, advertido,
Los dos tiempos traerás a tu memoria
Que examinan los gustos y la gloria:
El uno, en el que gozas de los gustos
Con la solicitud y el sobresalto,
En todo breve y de constancia falto;

El otro, el que, pasados los placeres,
Con arrepentimientos vengativos,
Modestos y violentos,
Desquita en los deleites los momentos,
Cuando de lo que gozas y deseas,
Arrepentido tu elección afeas.

Pues contrapón a aqueste vituperio,
Si del gusto te abstienes,
Las justas alabanzas que previenes.
Alabando en ti mismo

El no precipitarte en tal abismo.
Y cuando se llegare
La ocasión que intentare
Vencerte, opón constante
El pecho de diamante.
A su halago y blandura
Opondrás la pureza a la hermosura,
Y al favor atractivo,
Triunfante corazón, nunca cautivo;
Y considera cuánto
Es mejor y más santo
Ser sabidor de esta victoria tuya,
Y gozarla contigo,
Que ofrecerte destrozo a tu enemigo.

CAPÍTULO XLI

No dejes de proseguir en la buena obra, aunque todos te la murmuren, ni prosigas en la mala, aunque te la alaben todos.

Si a hacer alguna cosa
Honesta y virtuosa
Te determinas, hazla claramente,
Sin temer el ser visto de la gente.
Aunque te la murmure el vulgo necio.
Que siempre la virtud tiene en desprecio.

Porque, si mal obrares.
Debes temer, aunque por varios modos,
Tus malas obras las alaben todos;

Y si la acción que haces fuere buena,
No has de temer obrarla,
Aunque todos pretendan reprobarla.

CAPÍTULO XLII

Todas las cosas es verdad que son buenas y malas,
dividiendo estas dos cosas, porque las que son buenas
para algún fin tuyo, pueden ser malas para otro, y esto
debes estorbar.

De aquella misma suerte
Que, dividida, es fuerte
Esta proposición: «Ahora es día,
Y ahora es noche», en la filosofía,
Y, uniéndola, no tiene fundamento,
Y es mentiroso y débil argumento.
De la misma manera en el convite
El tomar la mejor y mayor parte
Es bueno para hartarte
Y por satisfacer el apetito;
Pero viene á ser malo y ser delito
A la conversación bien reportada,
En la cortés comunidad sagrada
Que al banquete se debe,
Donde el que come y bebe
Lo más y lo mejor, sin cortesía,
Es necio y torpe en bruta demasía.

Por esto, cuando fueres convidado,
Más cuenta has de tener y más cuidado

Con el respeto que guardar se debe
A la casa del hombre que convida
Que con cargar tu vientre de comida.

CAPÍTULO XLII

Si admites oficio o cargo que exceda tus fuerzas
y talento, te afrentas, y desprecias el que era
para ti proporcionado.

Si tomas a tu cargo algún estado,
Oficio, o dignidad en honra o bienes.
Que las fuerzas que tienes
Para ejercerle exceda,
Después que tu ambición cargada queda,
Cometes dos delitos:
El uno, gobernarlos con afrenta,
Por tu incapacidad, que los violenta;
El otro, el despreciar aquellos cargos
Que gobernar pudieras,
Si los que son mayores no admitieras.

CAPÍTULO XLIV

El cuidado que tienes en no tropezar ni torcer
el pie, caminando, tenlo mayor en no torcer
la razón, viviendo bien.

Como tienes cuidado caminando
De no torcer el pie, o que algún clavo
No le ofenda o le hiera,
De la misma manera
Debes en el discurso de tu vida
Gobernar, de razón bien asistida,
Tu alma, y atender que no se tuerza,
O de grado, o de fuerza;
Que no tropiece y caiga, ni se ofenda
En los despeñaderos de su senda;
Pues es pequeño daño
Que se tuerza mil veces en un año
El pie,[1] ni que le hieras, y tropieces
Cuando camines, otras tantas veces;
Mas torcer la razón al apetito,
A la codicia y ira,
Es peligro mortal, y no se mira
En evitarle, y todo tu desvelo
Pones en no torcer el pie en el suelo.

Pues advierte que debes, desvelado,
Cuidar en toda acción, en todo estado,
Por pequeño que sea,
De que tu alma no tropiece fea;

---

1   En la primera edición se omitió, por errata, «el pie».

Y si a guiar tu espíritu atendieres,
Acertarás en todo lo que hicieres.

CAPÍTULO XLV

Si tu cuerpo es medida de tus deseos y apetitos,
y los mides por él, nada demasiado apetecerás.

El cuerpo en cada uno es la medida
De la riqueza y pompa de su vida,
De la misma manera
Que es el pie la medida del zapato:
Propia similitud de lo que trato;
Porque si tú te mides
Con tu cuerpo y razón en lo que pides,
Pretendes o deseas codicioso,
Serás honestamente venturoso.

Empero si a tu cuerpo no nivelas
Las riquezas y puestos á que anhelas,
De ti mismo tirano,
Igualmente estarás cargado y vano;
De la manera misma
Que si el zapato excede
Al pie, aunque sea de oro,
Será embarazo antes que decoro:
Porque cualquiera cosa
Que excede su medida
No te sirve, y es fuerza que te impida.

CAPÍTULO XLVI

Los hombres que alaban a las doncellas por hermosas
y galanas y bien prendidas, y no por honestas
y humildes, son causa que sigan la desorden por
la alabanza, y no la virtud.

Como ven las doncellas que los hombres,
Después de catorce años, con los nombres
De damas y de bellas
Las llaman, todas ellas,
Por desear maridos.
Desvelan sus cuidados y sentidos
En afeites lascivos,
Mintiendo con semblantes fugitivos
Resplandores comprados,
Poniendo en los colores bien pintados
Todo su gusto y toda su esperanza,
Por ver que la alabanza
Se la da, por su engaño,
El que idolatra en su beldad su daño.

Según esto, conviene
Alabar la mujer tan solamente
De honesta y de prudente,
De humilde y de callada,
De vergonzosa y casta y recatada;
Porque, viendo que el hombre estima solo
Su virtud y cordura,
Siga más la virtud que la hermosura.

CAPÍTULO XLVII

Has de usar de las cosas necesarias al cuerpo mirando
a la paz y quietud del alma.

Es de grosero y de bestial ingenio
El tratar con cuidado de las cosas
Al cuerpo solamente provechosas,
Como del ejercicio demasiado,
De la gala, el vestido, y el calzado,
De espléndidas comidas,
De exquisitas bebidas,
De comprar la locura
Que en las joyas nos mienten hermosura,
De andar en el caballo más hermoso,
Más bestia que brioso.

De cosas semejantes
Se ha de hacer poco caso,
Y si las usas, ha de ser de paso:
Porque todo el cuidado y el desvelo
En las cosas del alma ha de emplearse,
Para lograr la vida, y por lograrse.

CAPÍTULO XLVIII

De la persona que dice mal de ti, o te hace mal,
debes considerar que él entiende que hace y dice bien,
y que no es practicable que haga lo que a ti te parece,
sino lo que le parece a él.

Si alguno te ofendiere
De palabra o de obra, has de acordarte,
Para no alborotarte,
Que piensa que hace y dice bien en todo,
Pues no es posible hacerlo de otro modo,
Ni que diga ni haga
Lo que a su voluntad no satisfaga,
Y lo que quieres tú, sino las cosas
Que su gusto le ofrece
Y lo que a su discurso le parece.

Por esto, considera
Que si ha juzgado mal, que a sí se engaña;
Que solamente á sí se ofende y daña,
Y que si es la verdad dificultosa,
Quien la llama mentira no la ofende,
Sino a sí mismo cuando no la entiende.

Si haces esta cuenta,
Con gran paciencia sufrirás la afrenta
Y la murmuración de tu enemigo,
Y podrás excusarte y excusarle,
Diciendo: «En cuanto mal de mí decía
Siempre entendió que la verdad creía».

CAPÍTULO XLIX

Tienen todas las cosas dos asas, una sufrible y otra insoportable: en tu mano está, si quieres ser filósofo, asir de esta y dejar aquélla.

Todas las cosas tienen
Dos asas para asirlas diferentes,
De que usan los necios o prudentes:
La una es fácil siempre y soportable,
Y la otra terrible,
Difícil y insufrible.

Si te injuria tu hermano,
No extiendas tú la mano
A la injuria, que es asa que te espanta.
Sino al asa de hermano, que es la santa:
Advierte que es hermano, y es amigo;
Que se crió contigo;
Y si por este lado consideras
En hijos, y en mujer, y en los vecinos,
La injuria, y el error, y desatinos,
Y las acciones fieras,
En cuantos hombres tratas,
Perdonarás las obras más ingratas.

CAPITULO L

No te tengas por mejor que otro, por más elegante o más rico, sino cuando le excedas en buen uso de la razón, ni juzgues temerario los actos exteriores de los otros.

Hay pláticas vulgares
Que en las conversaciones
No sacan verdaderas conclusiones;
Como son el decir: «Yo soy más rico
Que tú: luego también seré más bueno».
«Yo soy más elocuente:
Luego yo soy mejor que el balbuciente».
Nada de esto es verdad; que, para serlo,
Debiera de esta suerte disponerse:
«Más rico soy que tú: por esto infiero
Que excede mi dinero a tu dinero».
«Yo soy más elocuente: es evidencia
Que excede mi elocuencia a tu elocuencia».
Que el hombre no es hacienda, ni ornamento,
Ni elegancia, en la voz ni en el acento.

Por esto, si tú vieres que se lava
Presto[2] alguno en el baño,
No digas, por tan falso presupuesto,
«Lavóse mal», sino «Lavóse presto»;
Si bebió mucho vino,
No digas «Bebió mal, con desatino,
Y en exceso indecente»;
Dirás que bebió mucho solamente;

---

2   Se corrige la edición original, donde faltaba «presto».

Pues no puedes, no habiendo escudriñado
El interior ajeno,
Decir que es malo, ni afirmar que es bueno.

Debes huir el juicio temerario,
Por ser su efecto, como oscuro, vario,
Y de aquesta manera
Sucederá que alcances fantasías
Comprehensibles con afecto pío,
Y que se rinda a otras tu albedrío.

CAPÍTULO LI

*No trates materias importantes entre los idiotas,
ni te ostentes filósofo, ni te enojes de que te llamen
ignorante. Muéstrese tu estudio en el fruto de tus
obras, y no en la vanidad de las palabras.*

No te llames filósofo ambicioso,
Ni entre los ignorantes
Hables de las cuestiones importantes.
Cuando al banquete fueres convidado,
No trates de la forma y la manera
Que se debe tener en la comida
Que el huésped te previene,
Sino come del modo que conviene.

Acuérdate del arte con que Sócrates
En las cosas que hacía
De ostentaciones vanas se reía:
Buscábanle los hombres presumidos,
Porque los alabase

Tan gran varón; mas él los desechaba;
Y como sus locuras no alababa,
Los ignorantes le llamaban necio;
Mas Sócrates, con ánimo constante
Y modestia triunfante,
Toleraba el agravio y el desprecio.

Por esto, si se ofrece
Entre indoctos tratar grandes cuestiones,
Calla y escucha atento sus razones;
Porque es muy peligroso
Derramar de repente lo que sabes,
Y entre ignorantes los discursos graves.

Y cuando algún oyente te dijere
Que tú no sabes nada,
Y no te acongojares y corrieres,
Entenderás en ese mismo instante
Has empezado a ser buen principiante.

Pues ves que las ovejas no le llevan
A su pastor al prado florecido,
A mostrarle la hierba que han pacido;
Antes en el esquilmo, leche y lana
Le enseñan, desquitándole su gasto
En el fruto que dan, cuál fué su pasto.

Tú, por esta razón, no arrojes luego
Tus palabras delante de los hombres
Idiotas, que se pagan de los nombres:
Tus obras saca a luz, que son el fruto
Que, cuando a la razón la boca abras,
Se siga con provecho a las palabras.

CAPÍTULO LII

*Si te mortificares por vencer los apetitos, excusa
la publicidad y aparta de la hipocresía ambiciosa
tus obras y virtudes.*

Si te mortificares,
No lo hagas en públicos lugares,
Porque el pueblo lo vea
Y la virtud que tú pregonas crea;
Ni tengas vanidad del bien que haces;
Pues quien por ella neciamente obra
Su mérito en aplausos vanos cobra.
Y si, abstinente, la agua sola bebes,
No en cualquiera ocasión tu penitencia
Refieras, ni publiques tu abstinencia.
Y si, por quebrantar el apetito.
Castigares el cuerpo o su delito,
Conténtate contigo,
Y con que tu conciencia sea testigo.
Sin querer que otros sepan tus acciones.

Y cuando tus pasiones
Porfiadas te aflijan, no conviene
Andar, para lograr hipocresías,
Abrazando severo estatuas frías;
Que la razón reprime sin rodeo,
Mejor que las estatuas, el deseo.

Y cuando, por vencerte,
Padeciendo de sed demasiada,
Tomes el agua helada,
Si a pesar del pulmón la derramares,

Y, sin beber, con ella te enjuagares,
A ninguno lo digas;
Basta que a solas la templanza sigas.

CAPÍTULO LIII

El ignorante regula todas las cosas por la fortuna,
y el sabio por su alma.

El ignorante y necio se conoce
En que nunca regula sus provechos
Y daños por sí mismo; en que sus hechos,
Sus bienes y sus glorias, una a una,
Las regula por solo su fortuna.
El filósofo sigue otro camino,
Pues la felicidad de su destino
Por sí y de sí la espera.
Sin depender de cosa forastera.

Son notas y señales
En los bienes y males
Del que va aprovechando,
No alabar adulando;
No reprehender nada;
A nadie acusa, nada contradice;
De sí mismo no dice
Nada, como de un hombre que no sabe
En quién ninguna cosa buena cabe.

Cuando en alguna acción es impedido,
A nadie echa la culpa de su pena:

Solo a sí se condena;
Y si le alaba alguno,
Consigo propio acaba
El reírse del hombre que le alaba;
Y si le vitupera,
No se enoja o defiende, ni se altera;
Antes con más cuidado,
Como el que estuvo enfermo y convalece,
Atiende desvelado
A guardar la templanza
Que de la nueva mejoría alcanza,
Porque antes se confirme que se mude,
Y en su cuidado la salud se ayude.

Tiene de sí pendiente
Su apetito, a sus leyes obediente;
Y la fuga la pasa, de las cosas
Que están en nuestra mano en paz serena,
A las cosas que están en mano ajena;
Tiene a todas las cosas prevenido
Apetito remiso y advertido,
Y no le da cuidado
Ser por necio y idiota despreciado;
Y, por decirlo todo,
De sí mismo se guarda
Con temor voluntario,
Como de un enemigo temerario.

CAPÍTULO LIV

No has de poner cuidado en entender y declarar
los libros dificultosos de los filósofos, sino poner
el estudio en obrarlos.

Si alguno, porque entiende
Los libros de Crisipo y los tratados
De Aristóteles, doctos y admirados,
Se muestra grave y tiene fantasía,
Dirás entre ti mismo: «Si Aristóteles
No hubiera escrito obscuro,
Y en estilo tan duro.
Este, que ignora cosas de importancia,
No tuviera soberbia ni arrogancia».

Empero yo pregunto:
¿Qué son las cosas que saber deseo
Cuando estos libros leo?
Digo que deseara
Entender, si pudiera,
Á la naturaleza, y la siguiera
Para entenderla y ser en ella diestro;
Pido y busco maestro
Que me la enseñe; dice que en Crisipo
Se puede esto aprender; yo me anticipo,
Léole, y no le entiendo;
Busco quien le interprete y le declare,
Logro esta diligencia,
Hallo intérprete, y hallo que la ciencia
No es bastante saberla sin obrarla:
Porque si yo me ocupo en estudiarla,
Y solo en contemplar las locuciones,

Cláusulas y razones,
Y no pongo por obra lo que aprendo,
Al mismo autor agravio,
Y me quedo gramático, y no sabio.

Solo se diferencia
El vano estudio de mi inútil ciencia
En que, en lugar de Homero, ingenio raro,
A Crisipo declaro,
Y paso más vergüenza y más afrenta
Si, cuando alguno dice le declare
A Crisipo, no puedo, en sus secretos,
Enseñar con mis obras sus precetos.

CAPÍTULO LV

Has de tratar de no mentir, de no obrar mal,
no de disputar por qué razones y argumentos y con
qué conclusiones y silogismos se prueba que no
se ha de hacer lo uno ni lo otro, y menos de inquirir
qué es argumento, qué es silogismo, qué es conclusión;
y advierte que los más se fatigan en probar por qué
no se ha de mentir, sin cuidar de no mentir.

De la filosofía
Es el primer lugar más necesario,
Y en el que más se ocupan de ordinario,
Platicar sus precetos.
Sus dogmas y decretos.
El primero te manda que no mientas,
Ni en maldades consientas;

El segundo nos muestra con razones
Y con demostraciones
Por qué no has de mentir ni hacer maldades,
Robos y liviandades.
El último y tercero
Diferencia estas cosas: lo primero
Dice qué es silogismo, qué argumento,
Qué cosa es entimema, y consecuencia,
Qué es mentira, qué es ciencia.

Por esto es necesario
Este tercer lugar, por el segundo,
Y el segundo lo es por el primero;
A cuya causa infiero
Es el primer lugar más importante.
Pues no hay donde pasar más adelante.
Y siendo tal el orden referido,
Del un lugar al otro deducido,
Nosotros lo seguimos y ordenamos
Al revés, pues paramos
En el tercer lugar, y en él perdemos,
Disputando con grande diligencia.
El fruto del estudio y de la ciencia.

Mentimos siempre, y siempre disputamos
Que no se ha de mentir, y lo probamos
Con las demostraciones;
Mas no con la verdad nuestras razones.

CAPÍTULO LVI

Débeste resignar en la voluntad de Dios,
y no contradecirla, pues a su mandamiento
no puedes resistir.

En cuanto sucediere,
Esto se ha de pedir y desearse
Por quien pretende al bien encaminarse:
«Guíame, Señor Dios, guíeme el hado
A lo que está por ti determinado,
Y, pues no es bien que tus decretos huya,
Siempre mi voluntad será la tuya.
Y cuando fuere en algo diferente,
Y no quisiera yo, como indiscreto,
Seguir tu mandamiento y tu decreto,
Haráse, castigando mi porfía.
En mí tu voluntad, y no la mía».

CAPÍTULO LVII

Quien tiene el ánimo prevenido y compuesto
con los acontecimientos posibles hace que
su prudencia parezca profecía.

Cualquiera que su espíritu acomoda
A la necesidad y al hado, es sabio,
Y no es capaz de agravio:
No teme cosa alguna,
Y quita la corona a la fortuna;
Y, pues lo porvenir no le contrasta.

Ni lo que ya pasó le desconsuela,
Viendo que á no volver el tiempo vuela,
Y ni espera, ni teme,
Ni duda, ni porfía.
Parece que alcanzó la profecía,
Y en virtudes morales,
Conocimiento de obras celestiales.

CAPÍTULO LVIII

No se ha de temer al que quita la vida mortal;
porque este puede dar muerte; mas no hacer mal
verdadero, ni ofender.

Acuérdate que Sócrates
Dijo muriendo: «¡Oh Crito!
Porque el justo rigor se satisfaga,
Como lo quiere Dios, así se haga.
Bien me pueden quitar á mí la vida
Hoy Anito y Melito;
Pueden hacer que muera, y deshacerme;
Mas no pueden dañarme ni ofenderme;
Que su veneno puede llevar palma
Del cuerpo y de la vida; no del alma».

CAPÍTULO LIX

*No dilates el poner en ejecución los preceptos
que encaminan á la virtud, porque cuanto lo difieres
dejas de ser hombre.*

Dime, pues, ¿hasta cuándo te detienes,
Despreciando al espíritu sus bienes,
En valerte de avisos tan preciosos,
Y hacerte digno de ellos;
Viviendo de tal suerte, que no pases
De lo que la razón te aconsejare,
O la santa verdad te declarare?

Ya recibiste los preceptos todos,
Con que debieras tú de muchos modos
Abrazarte, y con ellos defenderte,
Y en tu debilidad fortalecerte.
¿Qué otro maestro esperas
Para desengañarte de quimeras?
Ya no eres niño; ya no eres mancebo;
Pasóse el tiempo de la vida nuevo;
Vino la edad madura;
Las canas no es color de la locura.
¿Por qué no haces cuenta de estas cosas,
Y, siendo provechosas,
Las dilatas, llevado de tu engaño,
De un día en otro, de uno en otro año?
¿No ves que no aprovechas ni mejoras
Perdiendo ciego irrevocables horas?
¿No ves que de los hombres más vulgares,
Viviendo en ocio bruto, no difieres,
Pues no sabes si vives o si mueres?

Determínate ya, para ponerte
En opinión de sabio y de perfeto
Varón, á sola la razón sujeto.
Propon por blanco á tu vivir lo bueno,
Lo perfecto y lo santo;
Lo respetarás tanto,
Que tengas por exceso y por pecado
El quebrantar su límite sagrado;
Y cuando se ofreciere
Cosa que por molesta te ofendiere,
O se ofreciere cosa,
Por ser apetecible, peligrosa,
Apresta tu valor a la batalla;
Que igualmente en el bien y el mal se halla,
Mientras vive en la tierra, quien es tierra,
Y apresta tus defensas a la guerra.
Entonces el olímpico certamen
Empieza enfurecido,
Donde volver atrás no es permitido,
Y viene a ser forzoso
El perder o ganar premio glorioso;
Vencer, o ser vencido;
Premiado, o abatido.
Sócrates de este modo
Salió perfecto en todo,
Incitándose así para contiendas
Tales; no gobernando su destreza
Por ajena cabeza,
Sino siempre obediente
A la razón prudente.

Tú, pues, de esta manera, aunque no seas
Sócrates, si te empleas

En lo que se empleó, con imitalle,
Sócrates puedes ser; pues para serlo,
Siguiendo la virtud, basta quererlo.

CAPÍTULO LX

Guarda con sumo rigor estos preceptos que,
sin gran culpa, no se pueden violar, sin atender
a murmuraciones.

Ten aquestos preceptos
En la misma observancia que las leyes
Tienes de los monarcas y los reyes,
Y advierte que no pueden ser violados
Sin incurrir en culpas y pecados;
Y para obedecerlos, no hagas caso
De los dichos del vulgo novelero;
Que ya dije primero
Que cuidar de ellos es cuidado vano,
Pues no está el acallarlos en tu mano.

BIBLIOGRAFÍA CITADA
Y DE REFERENCIA

ARROYO, C. *Epicteto-Pierre Hadot: Manual para la vida feliz*, Madrid, Errata Naturae, 2015.

BOTER, G. J. *The Encheiridion of Epictetus and Its Three Christian Adaptations*, Leiden, Brill, 1999.

BOTER, G. J. (ed.). *Epictetus: Encheiridion*, Berlín-Nueva York, W. de Gruyter, 2007.

DE ANDRÉS, E., *Helenistas españoles del siglo XVII*, Madrid, Fundación Universitaria Española, 1988.

CORREAS, G., *Ortografía Kastellana nueva y perfecta juntamente con el Manual de Epicteto y la Tabla de Kebes*. Salamanca, 1630.

FERANDUS, J. y NÚÑEZ, H. (Pinciano), *Epicteti philosophi Enchiridion. Arriani de dictis Epicteti libri quattuor, multo accuratius quam antea emendati & excusi.. Additus est in utrumque opus rerum memorabilium copiosissimus index*. apud I. Canouam, Salamanca, 1555.

FREIRE, J. *Hazte quien eres: Un código de costumbres*, Barcelona, Deusto, 2022.

FUENTES GONZÁLEZ, P. P., «Epicteto», en F. Lafarga y L. Pegenaute (eds.), *Diccionario histórico de la traducción en España*, Madrid, Gredos, 2009, págs., 349-350.

GARCÍA DE LA MORA, J, M. (ed.). *Epicteto: Enquiridión*, edición bilingüe, Barcelona, Anthropos, 2004 (2ª ed.)

GOMÁ, J., GARCÍA GUAL, C. y HERNÁNDEZ DE LA FUENTE, D., *El estoicismo romano*, Barcelona, Arpa, 2024.

HARD, R., *Epictetus: Discourses, Fragments, Handbook (With an Introduction and Notes by Christopher Gill)*, Oxford, Oxford University Press, 2014.

HERNÁNDEZ DE LA FUENTE, D. (ed.), Marco Aurelio, *Meditaciones*, Barcelona, Arpa, 2023.

HERRERO DE JÁUREGUI, M. (ed.), Focílides de Mileto, *Sentencias*. Anexo con la traducción castellana de Francisco de Quevedo. Madrid, Abada Editores, 2018

INWOOD, B. *Stoicism. A very Short Introduction*, Oxford, Oxford University Press, 2018.

LONG, A.A. *Epictetus: A Stoic and Socratic Guide to Life*, Oxford, Oxford University Press, 2002.

LONG, A. A. (ed.) *How to Be Free: An Ancient Guide to the Stoic Life. Epictetus Translated by Anthony Long*, Princeton-Oxford, Princeton University Press, 2018.

LÓPEZ EIRE, A. «La traducción quevedesca del Manual de Epicteto» en V. García de la Concha (ed.), *Homenaje a Quevedo. Actas de la II Academia Literaria Renacentista*, Salamanca, Caja de Ahorros y Monte de Piedad, 1982, págs. 233-243.

MARTÍNEZ GARCÍA, Ó. (ed.). *Epicteto: Manual de estoicismo*, Madrid, EDAF, 2021.

NIETO IBÁÑEZ, J. M., «Las "Pláticas" de Epicteto traducidas por Pedro de Valencia»; *Bibliothèque d'Humanisme et Renaissance* 68.1 (2006), págs. 51-61.

OLDFATHER, W. A. (ed.) *Epictetus: Discourses, Fragments, Encheiridion*, 2. vols., Cambridge, Mass., Harvard University Press, 1925-1928 (varias reimpresiones).

ORTIZ GARCÍA, P. (ed.). *Epicteto: Disertaciones por Arriano*, Madrid, Editorial Gredos, 1993.

ORTIZ GARCÍA, P. (ed.). *Tabla de Cebes; Musonio Rufo: Disertaciones; Fragmentos menores; Epicteto: Manual; Fragmentos*, Madrid, Editorial Gredos, 1995.

PAJÓN LEYRA, I. (ed.), Epicteto. *El arte de vivir (en tiempos difíciles)*, Madrid, Alianza 2023.

PIGLIUCCI, M. *Cómo ser un estoico*, Barcelona, Ariel, 2018 (ed. orig. 2017).

POHLENZ, M. *La Stoa. Historia de un movimiento espiritual*, Madrid, Taurus, 2022 (ed. orig. 1943).

RIST, J. M. *La filosofía estoica*. Barcelona, Ariel, 2017 (ed. orig. 1969).

ROBERTSON, D. *Piensa como un emperador romano*, Barcelona, Planeta, 2020 (ed. orig. 2019).

SÁNCHEZ DE LAS BROZAS, F., *Enchiridión de Epicteto*. Salamanca, 1600 (reimpreso en Barcelona, Pamplona, Madrid en 1612 como *Dotrina del estoico filósofo Epicteto, que se llama comunmente Enchiridion o Manual: traduzida de Griego Por el Maestro Francisco Sanchez, Cathedratico de Retórica, y Griego en la Vniuersidad de Salamanca.* En Madrid: por Juan de la Cuesta: a costa de Manuel Rodriguez, 1612).

SCHRIEFL, A. *La filosofía de los estoicos. Una introducción.* Madrid, Nola Editores, 2022 (ed. orig. 2019).

SCHWARTZ, L., «Dos traducciones del griego de Quevedo: Epicteto y Focílides en español con consonantes» en F. Gherardi & M.Á. Candelas (eds.), *La transmisión de Quevedo*, Vigo, Academia del Hispanismo, 2015, págs. 15-28.

SELLARS, J. *Lecciones de estoicismo*, Madrid, Taurus, 2021 (ed. orig. 2006).